Croissance de l'église

... c'est possible !

DAG HEWARD-MILLS

Parchment House

Copyright © 2011 Dag Heward-Mills

Titre original : *Church Growth*
Publié pour la première fois en 2011 par Parchment House

Version française publiée pour la première fois en 2011
Quatrième impression en 2015 par Parchment House

Traduit par : Professional Translations, Inc.

Pour savoir plus sur Dag Heward-Mills
Campagne Jésus qui guérit
Écrivez à : evangelist@daghewardmills.org
Site web : www.daghewardmills.org
Facebook : Dag Heward-Mills
Twitter : @EvangelistDag

ISBN : 978-9988-8502-2-7

Table des matières

Avant-propos

J'aimerais recommander vivement le nouveau livre écrit sur « La croissance de l'église » par notre cher ami et membre du Conseil d'Administration de « Church Growth International », le Dr. Dag Heward-Mills.

Je connais Dr. Heward-Mills depuis maintenant plusieurs années et il a été un membre fidèle et actif de notre Conseil d'Administration et je suis très heureux d'endosser son livre « La croissance de l'église ». Il a étudié et fait des recherches sur le sujet depuis des années et a connu un grand succès en ce qui concerne cette question.

Dr. Heward-Mills a écrit plusieurs articles pour notre magazine « Church Growth » (Croissance de l'église) ce qui a révélé son talent littéraire, sa connaissance profonde de la Parole de Dieu, et son sens pour les applications pratiques sur la croissance de l'église. Son incroyable ministère démontre tous les aspects d'une croissance pratique de l'église dans le monde.

Dr. Heward-Mills possède un réel talent pour s'exprimer de manière claire sur les différents sujets d'expertise qu'il a acquis dans sa propre vie au sein de « Lighthouse Chapel International » et dans ses nombreux ministères autour du globe.

Son nouveau livre « Croissance de l'église » vous donnera une aide complète, pratique et inspirée pour comprendre comment l'église locale peut devenir un ministère international pour tous ceux qui recherche notre Seigneur Jésus Christ. Le nouveau livre du Dr. Heward-Mills vous procurera un guide pas à pas pour vous permettre de faire croître votre église et de faire de cela une aventure excitante basée sur les œuvres multi facetées de Jésus Christ et de son Corps. L'église.

Le 10 décembre 2010

Dr. Yonggi Cho
Directeur, Church Growth International
Seoul, Corée

Section 1

CROISSANCE DE L'ÉGLISE ET UN DÉSIR BRÛLANT

Chapitre 1

Croissance de l'église et un désir brûlant

Où il n'y a pas de vision [...]

Proverbes 29 : 18

Une vision conduit-elle à la croissance de l'église ?

Il y a plusieurs années, j'ai lu dans le magazine de David Yonggi combien il est important d'avoir une vision et un rêve pour la croissance de l'église. Je n'ai jamais compris pourquoi et comment une vision était nécessaire pour la croissance de l'église.

Dr David Yonggi Cho, le pasteur de la plus grande église du monde et le propagateur du concept de croissance de l'église, a dit autre chose que je ne comprenais pas. Il a dit : « Votre vision vous fait. Vous ne faites pas votre vision ». Je ne comprenais pas cela non plus.

Franchement, je pensais que le sujet « avoir une vision » était toujours mentionné comme un point de départ normal pour tous les enseignements sur le leadership.

J'écoutais des gens enseigner sur l'importance d'avoir une vision, de rédiger des objectifs, etc., mais je ne comprenais toujours pas comment cela conduisait à la croissance de l'église.

Tous les pasteurs qui assistaient à des conférences sur la croissance de l'église semblaient plein de visions et de désirs pour la croissance de l'église.

Je me disais : « Tous les pasteurs ont le désir de voir leurs églises croître, et pourtant leurs églises ne se développent pas. Si

1

c'étaient les désirs et les visions qui conduisaient à la croissance de l'église, alors chaque église serait une grande église !»

Votre vision doit être une vision brûlante

Avec les années, je me rendis compte que la vision que vous avez doit être une vision brûlante. Vous ne pouvez pas avoir une vision superficielle d'une grande église. Une vision superficielle ne fera pas croître votre église. La vision doit vous dévorer et brûler dans votre âme. Alors, tout ce que le Dr Cho a dit arrivera. Cette vision brûlante vous transformera littéralement en pasteur d'une méga-église.

En réalité, si vous n'avez pas de vision brûlante pour une grande église, vous n'aurez jamais de véritable croissance de l'église.

La façon dont une vision brûlante vous conduit à la croissance de l'église, c'est en vous inspirant et en vous dirigeant sur la route difficile de la croissance véritable de l'église, d'une manière dont aucun être humain ne peut le faire.

Une vision brûlante devient le moteur invisible de toute croissance d'église

Il faut suivre un parcours long et tortueux pour devenir le pasteur d'une grande église.

Une vision brûlante et un rêve sont le moteur invisible qui conduit un ministre sur cette voie qui va du fait d'être le pasteur d'une petite église au fait de devenir le pasteur d'une méga-église.

Certains pasteurs n'ont pas ce moteur interne nécessaire pour leur faire faire des choses dures et difficiles nécessaires à la croissance de l'église.

L'influence extérieure ne peut vous transformer en pasteur d'une méga-église

Aucun conseil ou avis externe ne peut suffire pour conduire un individu sur cette voie difficile de devenir le pasteur d'une méga-église. Toutes les influences extérieures vont s'éteindre bien avant que vous deveniez pasteur d'une méga-église. Les avis, encouragements et conseils externes sont de trop courte durée pour faire survivre un ministre de l'Évangile sur la voie qui mène à la croissance de l'église.

Ce qu'une vision peut vous faire faire

Il y a quelque chose qu'une vision interne brûlante et qu'un rêve fait pour vous qu'aucun être humain ne peut faire.

La vision interne brûlante et le rêve vous rendent assez humble pour que vous fassiez tout ce que vous devez faire pour la croissance de l'église.

Une vision brûlante et un rêve d'une grande église vous font prier pour la croissance de l'église. Sans vision brûlante et sans rêve, vous ne prierez jamais assez pour attirer l'attention de Dieu.

Une vision brûlante et un rêve d'une grande église vous font rechercher la sagesse et les stratégies nécessaires à la croissance de l'église. Sans vision brûlante et sans rêve, vous ne passerez pas le temps nécessaire à la recherche de la sagesse qui conduit à la croissance de l'église. Vous serez bientôt irrité par les stratégies enseignées par les pasteurs sur la croissance de l'église. Sans vision brûlante, vous direz que ces enseignements ne marchent pas.

La vision interne brûlante et le rêve vous feront continuer de lire et de relire les mêmes choses jusqu'à ce que quelque chose marche.

Sans vision brûlante et sans rêve d'une grande église, vous n'aurez pas le temps de lire les livres qui mènent à la croissance de l'église.

Une vision brûlante et un rêve d'une grande église vous amèneront à rencontrer les gens qui vous aideront à faire croître l'église. Ils vous rendront assez humble pour entrer en relation et communion fraternelle avec les personnes adéquates jusqu'à ce que leur influence et leur onction déteignent sur vous.

Sans vision brûlante et sans rêve d'une grande église, vous n'écouterez pas les messages qui conduisent à la croissance de l'église. Vous critiquerez la chose même dont vous avez le plus besoin, et vous vous moquerez même d'elle.

Une vision brûlante et un rêve sont la seule véritable source de puissance, d'endurance et de persévérance nécessaire pour le long chemin vers la croissance de l'église.

Section 2

CROISSANCE DE L'ÉGLISE ET LES LAÏCS

Chapitre 2

Comment vous pouvez réaliser de grandes choses par les laïcs

Laikos – le laïc

L'histoire nous apprend que de grandes choses peuvent être accomplies par des gens qui « n'ont pas de compétences ». Un coup d'œil rapide aux réalisations de laïcs, ou de gens du commun, vous incitera à vous servir d'eux pour faire croître votre église.

Le mot laïc vient du mot grec LAIKOS qui signifie « n'ayant pas de compétences ». Voici quelques définitions du mot « laïc ».

1. Un laïc est quelqu'un d'ordinaire.

2. Un laïc est quelqu'un de normal.

3. Un laïc est quelqu'un de banal.

4. Un laïc est quelqu'un d'habituel.

5. Un laïc est quelqu'un de régulier.

6. Un laïc est quelqu'un de commun.

7. Un laïc est quelqu'un de courant.

8. Un laïc est quelqu'un de moyen.

9. Un laïc est quelqu'un qui n'est pas professionnel.

10. Un laïc est quelqu'un qui n'est pas expert.

11. Un laïc est quelqu'un qui n'est pas spécialisé.

12. Un laïc est quelqu'un qui n'est pas habile.

13. Un laïc est quelqu'un qui n'est pas un expert.

14. Un laïc est quelqu'un qui n'a pas de certificat.

15. Un laïc est quelqu'un qui n'a pas de licence.

Grandes réalisations dans le monde de l'église

1. Les laïcs furent les piliers de l'église pour la grande réforme de l'église.

La traduction de la Bible par Martin Luther dans la langue du peuple a changé le monde. Au lieu d'être simplement en latin, la Bible a été rendue plus accessible au peuple.

Une fois que les laïcs/les gens du commun eurent la connaissance de la révélation entre leurs mains, ils changèrent le monde. Se rendant compte que le salut était à la disposition de tous par la grâce de Dieu, ils se levèrent et défendirent ce que nous appelons maintenant la Réforme.

2. Les laïcs sont les piliers de la grande Église Méthodiste.

Vers le milieu du 20ème siècle, le Méthodisme était la plus grande dénomination protestante aux États-Unis. La grande Église Méthodiste s'est développée grâce aux laïcs.

Très tôt, une tradition du fait de prêcher dans les églises méthodistes fut de nommer un prédicateur laïc pour diriger les services de culte et de prêcher dans un groupe d'églises appelé un « circuit ».

Le prédicateur laïc se déplaçait à pied ou à cheval dans un circuit prévu de lieux de prédication, d'après un schéma et un calendrier convenu.

Après la nomination des ministres et des pasteurs, cette tradition du fait de prêcher au laïc se poursuivit avec les « Prêcheurs Méthodistes Locaux », nommés par les églises individuelles, puis approuvés et invités par les églises des alentours, ou nommés comme assistant du ministre, ou pour servir lors des absences prévues du ministre.

3. Les laïcs furent les piliers de la plus grande église du monde.

L'un des principes fondamentaux sur lequel la Yoido Full Gospel Church est édifiée est le principe du travail par les laïcs.

La Yoido Full Gospel Church, fondée par David Yonggi Cho et sa belle-mère Choi Ja-shil, deux pasteurs des Assemblées de Dieu, a organisé son culte inaugural le 15 mai 1958, avec quatre autres femmes, chez Choi Ja-shil.

Le nombre de fidèles avait atteint cinquante mille en 1977, un chiffre qui doubla en deux ans seulement. Le 30 novembre 1981, ce nombre dépassa deux cent mille. À cette époque, c'était la plus grande assemblée au monde et elle fut reconnue comme telle par le journal « Los Angeles Times ».

En 2007, ses membres s'élevèrent à 830.000, avec sept offices du dimanche traduits en seize langues.

4. Les laïcs sont les piliers d'immenses réseaux d'églises originaires du Nigéria et du Ghana.

À la fois la « Redeemed Christian Church of God » avec sa base au Nigéria, et L'Église Pentecôtiste qui a son siège au Ghana, sont connues pour leur bon usage des laïcs. Ces deux ministères ont de vastes réseaux d'églises et emploient régulièrement les services des laïcs pour le fait de prêcher et la pastorale.

L'Église Pentecôtiste fut fondée par un missionnaire irlandais envoyé par L'Église Apostolique, Bradford, Royaume-Uni, sur ce qui s'appelait alors la Côte de l'Or.

Elle grandit jusqu'à avoir plus de 1,7 millions de membres ; L'Église Pentecôtiste a plus de 13,000 églises dans 70 pays sur tous les continents du monde.

La Redeemed Church of God fut fondée au Nigéria en 1952 par Pa Josiah Akindayomi. Sous la direction de son Surintendant Général, le Révérend E.A. Adeboye, elle a grandi et a des églises dans plus de 140 pays, avec des millions de fidèles.

En vérité, ce sont de grandes réalisations et elles ont été rendues possibles par l'aide des laïcs.

De grandes réalisations dans le monde séculier

1. La démocratie, grand système de gouvernement, vit le jour grâce aux laïcs.

La démocratie donne aux gens du commun l'occasion d'agir et de changer le gouvernement, s'ils le souhaitent.

La démocratie est le pouvoir de l'homme du commun de refuser de vivre dans des conditions inacceptables.

La démocratie est la participation de l'homme du commun et son influence sur un pays.

La démocratie est édifiée sur le principe de l'égalité des chances données à tous les gens du commun.

2. La grande superpuissance vit le jour grâce aux laïcs.

La Révolution américaine est un exemple classique du pouvoir des gens du commun ou des laïcs dans la formation de l'histoire.

Les gens du commun ont donné naissance à une superpuissance. Au tournant du siècle dernier, la Révolution américaine fut une expérience réussie qui marqua la transition d'un monde contrôlé par quelques-uns à un monde contrôlé par la majorité.

La Révolution a été largement influencée par de petites organisations révolutionnaires telles que les Sons of Liberty. Ces organisations n'étaient pas contrôlées par les riches et les puissants propriétaires, mais par des gens du commun de statut social moyen qui s'est rassemblé pour semer les graines de la Révolution.

3. La victoire de la grande élection arriva grâce aux laïcs.

En mai 2008, Barack Obama, premier président noir des États-Unis d'Amérique, a reçu la nomination démocrate pour la présidence des États-Unis.

Même si les démocrates riches et influents du pays étaient partisans de Clinton et fournirent des millions de dollars, Obama recueillit plus que tout autre candidat présidentiel de l'histoire en utilisant le pouvoir des gens du commun.

Obama a collecté plus de 80 million de dollars pour sa campagne, la plupart venait du peuple qui faisait de petites contributions.

Chapitre 3

Comment les laïcs ont aidé les églises à grandir

J'ai connu deux mondes dans le ministère - le ministère à temps plein et le ministère laïc. La plupart des pasteurs ne connaissent que la dimension du ministère à temps plein. Mon intention est de vous aider à découvrir comment les laïcs peuvent conduire à la croissance de l'église.

Un laïc est une personne qui conserve son travail séculier tout en étant actif dans le ministère du Seigneur Jésus. Un ministre à temps plein, c'est quelqu'un qui a abandonné son travail séculier pour se concentrer entièrement sur le ministère.

De nombreux ministres qui sont dans le ministère à plein temps ne sont pas à l'aise avec l'idée de laïcs qui participent au ministère. C'est parce qu'ils veulent garder le ministère comme l'apanage exclusif de quelques hommes « appelés » de Dieu.

Certains ministres à plein temps ne veulent pas accepter la réalité que les laïcs sont capables de faire une contribution substantielle (non financière) au ministère. Beaucoup de ministres à plein temps sont heureux de garder leurs laïcs comme de simples soutiens financiers.

Les pasteurs veulent se sentir spéciaux quand ils exercent leurs exclusives fonctions pastorales. « Pourquoi un laïc devrait faire ce que je fais ? » demandent-ils. Ils pensent : « Après tout, si vous pouvez faire le travail que je fais, qu'est-ce qui me rend spécial ? » « Qu'est-ce qui me rend différent (moi, le pasteur), si les laïcs peuvent faire ce que je fais ? »

De nombreux ministres ne sont pas convaincus que les laïcs peuvent faire le travail du ministère. Des pasteurs m'ont demandé : « Vont-ils avoir le temps de s'occuper des besoins du troupeau ? », « Peuvent-ils gérer les situations d'urgence ? » « Peuvent-ils servir avec puissance comme nous le faisons ? »

Les réponses à toutes ces questions sont très simples : un OUI retentissant ! J'ai été dans le ministère laïc pendant de nombreuses années et je l'ai trouvé concrètement possible.

J'écris ce livre pour vous présenter une alternative à la notion traditionnelle de prêtres à temps plein qui ne font qu'attendre Dieu dans la prière au temple. *Le ministère laïc est une clé fondamentale pour la croissance de l'église.* Les églises qui ont connu une croissance phénoménale ont toutes appliqué le principe de l'utilisation des laïcs pour le ministère. Je crois que c'est la clé pour la réalisation du Grand Commandement. Nous ne pourrons absolument pas gagner ce monde avec quelques prêtres et pasteurs. Tout le monde doit être impliqué. Beaucoup de gens doivent être impliqués à un plus haut niveau pastoral. Il doit y avoir un renouveau du ministère laïc dans l'église.

Un pasteur laïc, cela existe vraiment, c'est à dire, un pasteur qui combine à la fois son travail séculier et le ministère. Quatre-vingt dix pour cent des pasteurs de mon église sont pasteurs laïcs.

Les pasteurs à temps plein doivent être confiants dans leurs positions pour encourager les laïcs à s'impliquer. Il n'y a rien de mystérieux dans le ministère ! Il y a des pasteurs qui veulent que le ministère soit enveloppé de mystère, afin que leurs membres sentent qu'ils dépendent d'eux.

Il est temps de démystifier l'art de conduire et de servir le troupeau. C'est quelque chose en quoi beaucoup peuvent s'impliquer. Quelle bénédiction c'est pour les laïcs de découvrir qu'ils peuvent être utiles au ministère ! Quelle bénédiction pour le pasteur quand il découvre que les contributions des laïcs peuvent faire croître son église.

Je ne dis pas nous n'avons pas besoin de ministres à plein temps. Je suis moi-même ministre à plein temps. Il est très nécessaire que les ministres à temps plein soient impliqués à cent pour cent dans le travail du ministère. Il y a des choses que seuls les ministres à plein temps peuvent faire.

J'étais pasteur laïc

À l'âge de quinze ans, à l'école secondaire, j'ai rencontré le Seigneur. Du jour où j'ai donné ma vie au Christ, je suis devenu très actif dans le ministère. J'étais impliqué dans le fait de gagner les âmes et le suivi des convertis. J'étais également impliqué dans le chant et je jouais des instruments pour le Seigneur.

Dans la première phase de ma vie chrétienne, je n'allais pas régulièrement à l'église le dimanche. En fait, j'allais rarement à l'église le dimanche. Ma vie chrétienne était si active du lundi au samedi, que j'en arrivais à me reposer le dimanche ! Le lundi et le mercredi, j'avais une réunion de prière et d'étude biblique. Le mardi et le jeudi, j'avais des répétitions de musique. Le vendredi, nous jeûnions et avions des réunions de prière. Et puis le samedi nous avions une retraite de dix heures du matin à six heures du soir.

Tout le temps que j'étais impliqué dans ces activités, je n'ai jamais abandonné mes études. J'ai terminé le niveau ordinaire « O » de mon Certificat Général d'Éducation et l'ai réussi avec mention – j'ai eu sept 1 (1 est la plus haute note). Ce fut une grande réussite à tous égards. Au niveau avancé « A », je fus le premier de ma classe et je fus l'un des rares de mon école à être admis à l'école de médecine. Tout au long de cette période, j'étais pleinement impliqué dans le ministère. Je prêchais ! Je gagnais les âmes ! Je rendais visite aux gens ! Je conseillais beaucoup de gens ! Je jeûnais et priais ! À un moment donné, je jeûnai tellement que je suis devenu maigre comme un clou. Quelqu'un me demanda même : « Pensez-vous que vous irez au Ciel en devenant un squelette ? »

Il ne m'est jamais venu à l'esprit que je devais être payé pour le travail de ministère dans lequel j'étais impliqué. À dix-neuf ans, j'étais complètement impliqué dans le ministère. J'avais de nombreuses brebis qui se tournaient vers moi pour la direction et la prière. En 1980, j'étais un puissant prêcheur et leader de la Ligue (Scripture Union). Ce que je veux dire, c'est que le ministère est possible avec d'autres activités.

Je suis entré à l'université en octobre 1982. J'ai eu le privilège d'étudier la médecine - l'un des parcours les plus difficiles et les plus longs. Alors que j'étais à l'université, j'ai commencé une communauté chrétienne qui existe toujours aujourd'hui.

Au cours de ma quatrième année, j'ai commencé à jeter les bases d'une église. Je suis alors devenu pasteur et fus reconnu comme tel alors que j'étais encore étudiant en médecine.

Pendant ce temps, personne ne me payait pour faire le travail du ministère. Je ne me relâchais pas non plus dans mon travail universitaire. Au contraire, j'ai réussis extrêmement bien et j'ai remporté des prix à l'école de médecine. J'appliquais la sagesse et sacrifiais mon temps libre pour m'impliquer dans le ministère.

Sacrifice et sagesse

Telles sont les deux clés pour être dans le ministère laïc - sacrifice et sagesse.

Quelle est la principale tâche d'un pasteur ? Est-ce de célébrer des funérailles et des mariages ? Certainement pas ! Ce sont certainement des fonctions d'un ministre, mais ce ne sont pas ses fonctions principales. Si votre ministère s'est détérioré au point où vos fonctions principales sont de célébrer des mariages et d'enterrer les gens, alors vous devez relire votre Bible ! Le principal devoir d'un ministre est d'observer le Grand Commandement.

Allez donc et enseignez toutes les nations, les baptisant dans le nom du Père, du Fils et du Saint-Esprit : les enseignant à garder toutes les choses que je vous ai commandées ; et voici, je suis avec vous toujours jusqu'à la fin du monde. Amen.
Matthieu 28 : 19,20

La raison pour laquelle on l'appelle le Grand Commandement, c'est parce que c'est le grand commandement donné à tous les ministres. Il est triste de voir des ministres de l'Évangile qui sont devenus de simples fonctionnaires sociaux. Parfois, les pasteurs sont sous la pression d'être acceptés par la société.

En conséquence, ils veulent faire de belles choses qui se rapportent à la santé, l'éducation, etc., pour pouvoir obtenir l'approbation de la société.

L'apôtre Pierre se trouva sous la même pression de quitter ses fonctions principales et d'effectuer des tâches essentiellement sociales.

Et en ce temps-là, quand le nombre de disciples se multiplia, il s'éleva un murmure chez les Grecs contre les Hébreux, parce que leurs veuves étaient négligées dans le ministère quotidien. Alors les Douze convoquèrent la multitude des disciples et leur dirent : il n'y a pas de raison que nous devrions abandonner la Parole de Dieu pour servir aux tables.

C'est pourquoi, frères, choisissez sept hommes parmi vous, bien considérés, pleins de l'Esprit Saint et de sagesse, auxquels nous assignerons cet emploi. ET POUR NOUS, NOUS NOUS ADONNERONS CONSTAMMENT À LA PRIÈRE ET AU MINISTÈRE DE LA PAROLE.

Actes 6 : 3-4

Vous pouvez voir de ce passage biblique que le devoir principal de Pierre était la prière et le ministère de la Parole. C'est quelque chose qui peut être fait par des laïcs.

On peut enseigner aux laïcs à visiter et conseiller de jeunes chrétiens !

On peut enseigner aux laïcs à prêcher !

On peut enseigner aux laïcs à témoigner !

On peut enseigner aux laïcs à prêcher la Parole avec puissance !

On peut enseigner aux laïcs à obtenir des gains spirituels par la prière !

Ce que je viens de décrire est le travail d'un pasteur. Tout lecteur honnête doit accepter qu'un laïc puisse devenir un pasteur laïc.

Ce dont vous avez besoin, c'est un moyen systématique de former vos laïcs à devenir ministres. Ne limitez pas vos laïcs parce qu'ils sont des professionnels dans d'autres domaines. Ne dites pas que vos médecins, vos avocats, vos architectes, vos menuisiers, vos ingénieurs, vos tailleurs, vos maçons, vos infirmières et vos secrétaires ne peuvent pas être pasteurs. Ils le peuvent !

Je me souviens d'avoir rendu visite à l'une de nos églises qui avait une infirmière pour pasteur. Il y avait des centaines de personnes dans l'église et je rendis gloire à Dieu pour cela.

Dans une grande maison, il y a de nombreux vases. Dieu se sert de toutes sortes de gens. Ne limitez pas Dieu à ce dont vous avez l'habitude.

Mais dans une grande maison, il n'y a pas seulement des vases d'or et d'argent, mais également de bois et de terre ; les uns sont à l'honneur, et les autres au déshonneur.

Si un homme donc se purifie de ces choses, il sera un vase d'honneur, sanctifié, et propre au service de son maître, et préparé pour toute bonne œuvre.

2 Timothée 2 : 20,21

Pendant ma première année à l'université, la communauté chrétienne me dit que *je ne pouvais pas être leader parce que j'étais étudiant en médecine.* On considérait que les étudiants en médecine étaient trop occupés pour être impliqués dans le travail du ministère. Quel malheur ! Ils avaient en effet éliminé tout un groupe de leaders potentiels de la communauté.

C'est ce que font beaucoup de pasteurs. Ils regardent les médecins dans l'église et se disent : « Asseyez-vous tranquillement, recevez vos sermons du dimanche et payez vos dîmes. Soyez un bon médecin chrétien de principes qui ne pratique pas d'avortements et vous plairez à Dieu ! »

Je veux que vous sachiez qu'un médecin peut aussi plaire à Dieu en gagnant les âmes. Il est vrai que Dieu veut des médecins de principes. Mais Dieu veut aussi des médecins qui gagneront les âmes et feront le travail du ministère. Aujourd'hui, j'ai des médecins qui sont propriétaires de cliniques et en même temps pasteurs d'églises avec des centaines de membres.

Il y a beaucoup d'architectes qui ont un travail d'architecte à temps plein et sont très productifs dans le ministère. Il y a des pasteurs qui travaillent dans des banques et sont pasteurs de grandes églises. J'ai vu des enseignants, des pharmaciens, des professeurs d'université, des comptables, des étudiants, des médecins, des infirmiers, des officiers de l'armée, des fonctionnaires, des réparateurs de climatisation, des informaticiens, des techniciens en informatique, des hommes d'affaires et des avocats devenir de grands pasteurs laïcs.

Beaucoup de gens n'arrivent pas à croire que nos longues listes de pasteurs sont des laïcs qui ne sont pas payés par l'église.

Si les pasteurs comprenaient que leurs laïcs peuvent faire beaucoup plus que de simplement donner de l'argent à l'église, ils s'aideraient eux-mêmes et aideraient beaucoup leurs églises. C'est le but de cette section : montrer comment les laïcs peuvent aider l'Église à grandir.

J'espère que vous n'avez pas mal compris : tout laïc ne doit pas devenir pasteur. Certains des laïcs peuvent fonctionner comme bergers ordinaires (chefs de cellule). Mais il y en a d'autres que Dieu appelle et qui deviendront pasteurs.

Le carré d'ananas

Un jour que je marchais sur une colline, je vis quelque chose que je veux partager avec vous. Je priais en langues et je marchais le long d'un sentier sur l'une des collines du Ghana. Toute la colline était recouverte de buissons sauvages et de hautes herbes sauvages. Alors que je me promenais, je vis une parcelle d'environ 20 mètres sur 20 dans l'herbe sauvage. Dans cette parcelle, il y avait des ananas soigneusement plantés. Je pouvais voir les jeunes pousses d'ananas. Cette parcelle de la colline était très différente de tout le reste.

L'Esprit du Seigneur me parla et me dit : « Cette parcelle de la colline est différente, parce que certaines graines y ont été plantées. Cette partie de la colline est différente, parce que certains investissements particuliers y ont été faits ».

Le Seigneur me dit que le reste de la colline pouvait être comparé à la congrégation générale qui reçoit les semences du fait de prêcher normalement. La parcelle spéciale de terrain qui donnait des ananas pouvait être comparée à la partie de l'église qui a reçu les graines spéciales du leadership et de la formation pastorale.

Si vous semez les graines de la formation pastorale, vous aurez bientôt beaucoup plus de pasteurs et de leaders autour de vous.

Beaucoup de gens n'investissent pas dans les graines qui produisent des leaders, des pasteurs et des bergers. Si vous semez les graines qui forment les leaders, vous aurez une récolte de bons leaders. Je passe plus de temps avec mes leaders qu'avec la congrégation générale.

Les enseignements de ce livre sont des exemples de certaines des choses que j'ai enseignées aux gens du commun au cours des années.

Cet investissement a transformé de nombreuses personnes en bergers et pasteurs laïcs ! Investissez spécialement dans les leaders et pasteurs potentiels, et ils grandiront et deviendront de grands ministres !

J'ai entendu des gens me critiquer pour avoir démarré des églises avec des personnes qu'ils ne considéraient pas être des pasteurs. Ne critiquez pas quelqu'un qui a organisé des Camps de Bergers pour former les gens. Critiquez-vous vous-même pour ne pas avoir consacré des heures à la formation de vos propres laïcs au ministère.

Vous devez encourager vos laïcs à devenir quelque chose de plus que des citoyens de principe du pays. Vous devez les encourager à devenir des gagneurs d'âmes pour Jésus. Vous devez vouloir qu'ils deviennent bergers du troupeau de Dieu. Vous devez vouloir qu'ils observent le Grand Commandement.

Mon cher ami pasteur, j'ai écrit ce livre pour vous ! Dieu m'a dit de l'écrire, pour que vous compreniez que les laïcs peuvent vous aider à édifier votre église et qu'ils le feront.

Mon cher ami laïc, j'ai écrit ce livre pour vous aussi ! Dieu a un ministère pour vous. Je vous en prie, n'allez pas au Ciel pour y découvrir que vous n'avez même pas commencé votre ministère avant de mourir ! Prenez au sérieux ce que vous lisez et apprenez l'art du métier de berger et de pasteur. Découvrez par vous-même la joie de servir Dieu en tant que laïc.

Chapitre 4

Pourquoi vous devez partager la charge avec les laïcs

Et le Seigneur dit à Moïse : Assemble-moi soixante-dix hommes d'entre les anciens d'Israël que tu sais être les anciens du peuple et des officiers sur eux ; et amène-les au tabernacle de la congrégation, et qu'ils se tiennent là avec toi.

Et je descendrai, et je parlerai là avec toi ; et je prendrai de l'esprit qui est sur toi, et je le mettrai sur eux, et ils PORTERONT avec toi LA CHARGE DU PEUPLE, que tu ne la portes pas toi seul.

Nombres 11 : 16,17

L'une des tâches les plus difficiles dans la vie est de « conduire » les gens. Moïse délivra les Israélites de la servitude, mais eut du mal à les conduire vers la Terre promise. C'était trop difficile à gérer. La charge de Moïse de conduire des gens difficiles est la tâche que tous les pasteurs doivent accomplir.

Dieu accorda gracieusement des miracles spectaculaires et sensationnels à Moïse. Ces signes et prodiges aidèrent à établir son autorité sur le troupeau de Dieu. En dépit de cela, la charge de conduire le peuple était trop pour lui. La Bible appelle cela une charge, et c'est exactement ce que c'est ! Moïse succomba finalement aux pressions de conduire des gens difficiles et perdit sa chance d'entrer dans la Terre promise.

Il y a une véritable charge

Si vous avez un cœur de pasteur et aimez les gens, vous ne pouvez pas vous désassocier de leurs problèmes. Leurs problèmes deviendront vos problèmes et leurs charges vous toucheront !

Quand Dieu se sert de vous pour servir un grand nombre de personnes, il attend de vous que vous partagiez la charge. Si vous ne partagez pas cette charge, vous pouvez tout simplement vous effondrer ou arriver à un arrêt dans le ministère. Il y a beaucoup d'églises en arrêt. Elles se développent jusqu'à un certain point, mais ne peuvent grandir davantage. La raison en est que les pasteurs ne parviennent pas à partager le fardeau du ministère.

Une église équilibrée est celle qui a toutes sortes de gens en son sein : des jeunes, des vieux, des gens instruits et sans éducation, des riches et des pauvres, des hommes et des femmes. Tous ces gens doivent être incorporés dans le partage de la charge.

N'excluez personne

Je remarque que la plupart des églises excluent les gens instruits et les riches du ministère. Habituellement, les riches sont censés contribuer de l'argent tandis que les gens instruits rehaussent l'image de l'église. Cependant, j'ai constaté qu'à la fois les riches et les gens instruits peuvent être spirituellement utiles.

Il y a beaucoup de médecins, de charpentiers, de plombiers, de spécialistes, de professeurs, d'architectes et d'ingénieurs qui servent comme pasteurs laïcs. Ces pasteurs laïcs partagent la charge du ministère.

La charge du ministère ne peut être portée par une seule personne. C'est tout simplement impossible.

Partagez la charge et ayez une plus grande église

Si vous voulez avoir un plus grand ministère que ce que vous avez actuellement, vous devez partager la charge.

Parfois, les gens ne partagent pas la charge parce qu'ils veulent recevoir toute la gloire pour eux-mêmes. Ils veulent que les gens sentent qu'ils sont les seuls à avoir un don surnaturel. Ils veulent que les gens témoignent leur appréciation à eux seuls.

D'autres ont peur de la rébellion dans le camp. Comment commun est l'histoire des pasteurs associés qui se rebellent !

Beaucoup de pasteurs principaux craignent que leurs assistants ne les surpassassent un jour. Ne craignez pas, croyez seulement ! Vous ne pouvez pas vous développer sans faire confiance aux gens. L'œuvre est si grande que vous ne pourrez jamais tout faire tout seul.

Chapitre 5

Comment les laïcs vous aideront à faire grandir l'église

1. **Les laïcs vous aideront à vous occuper des brebis ingrates et oublieuses.**

   […] dans les derniers jours […] les hommes seront […] ingrats

   2 Timothée 3 : 1,2

Il y aura toujours des laïcs très reconnaissants pour votre ministère. Ils vous aimeront et apprécieront vos efforts pour eux. Ces gens aideront à neutraliser la présomption qui est commune dans la congrégation. Leurs discours reconnaissants neutraliseront la rébellion dans le camp.

Vous remarquerez l'ingratitude chez les gens par la manière dont ils se plaignent. Moïse fit sortir les Israélites de la servitude et de l'esclavage, et pourtant ils murmuraient et se plaignaient amèrement contre lui. Aaron a même dû faire un veau d'or pour les calmer.

Si quelque chose tourne mal, vous serez surpris par les réactions des gens que vous avez servis par votre ministère. Beaucoup oublient rapidement ce que vous avez fait pour eux.

Ce qu'un pasteur fait n'est pas physiquement tangible, mais spirituel. Beaucoup pensent donc que le pasteur n'a rien fait pour eux.

Les membres de l'église peuvent pécher contre vous après que vous ayez été une bénédiction pour eux. Ne soyez pas choqués ! Le prophète Jérémie a connu la même chose avec son peuple. Il dit : Le mal sera-t-il rendu par le bien ? (Jérémie 18 : 20)

Le péché d' Ézéchias

Un jour, un pasteur me raconta une histoire très troublante. Il dit qu'il fut surpris quand l'un des membres de son église vint chez-lui une nuit pour l'agresser. Il n'arrivait pas à croire que ce jeune homme qu'il avait conduit au Christ, qu'il avait formé dans le Seigneur, dont il avait béni le mariage, et qu'il avait aidé à traverser plusieurs crises l'attaquerait de cette manière.

Mon cher ami, ne soyez pas surpris ! Ne vous attendez pas à la reconnaissance de l'homme ; attendez votre récompense de Dieu. Hezekiah fut béni. Mais il ne fut pas « reconnaissant ». Cela signifie qu'il ne manifesta pas de gratitude pour toutes les bénédictions qu'il avait reçues.

MAIS Ézéchias NE FUT PAS RECONNAISSANT du bienfait qui lui avait été fait […]
2 Chroniques 32 : 25

Telle est la nature de l'homme. Telle est la nature du peuple que Dieu veut que vous conduisiez.

2. **Les laïcs vous aideront à surmonter la déloyauté dans la communauté.**

Avec l'aide de laïcs, vous pourrez lutter contre la déloyauté dans l'église. La présence de laïcs engagés et zélés inspire toujours plus de loyauté dans les rangs. Les laïcs, qui ne gagnent pas d'argent de l'église, sont d'un grand soutien pour tous les pasteurs.

Les laïcs qui sont fidèles vous diront ce qui se passe dans la congrégation.

Bien que Judas ait suivi et servi avec Jésus pendant trois ans, il finit par le trahir pour une petite somme d'argent. La trahison fait partie du ministère. Elle fait aussi partie de la vie. Si vous n'avez pas encore fait l'expérience de la trahison, je peux vous assurer que vous la ferez un jour. Ce qui est inquiétant dans la trahison, c'est qu'elle vient des gens qui sont censés être proches de vous.

Vous n'êtes pas plus grand que votre maître Jésus ! Le fait que quelqu'un peut vous trahir un jour vous pose de grandes difficultés pour interagir avec joie et circuler entre les gens. Regardez de près le ministère de tout grand homme de Dieu. Vous découvrirez qu'ils ont tous eu leur part de traîtres. Tout cela contribue à la charge et à la difficulté du ministère.

Même, mon bon ami, en qui j'avais confiance, qui mangeait mon pain, a levé le talon contre moi.

Psaume 41 : 10

Paul connut des désertions soudaines de certains de ses collègues, comme Demas. Je me souviens d'un jeune homme que j'ai formé. Il était sur le point de prendre une position importante dans le ministère que nous avions préparée pendant plus d'une année. Le jour où il devait occuper le poste, il m'informa tout à coup qu'il quittait le pays. Je ne pouvais pas en croire mes oreilles ! Tous nos mois de préparation ne signifiaient rien pour lui. Il quitta tout simplement le navire sans préavis. Ces expériences font toutes parties du ministère. L'abandon arriva également sous le ministère de l'apôtre Paul.

Car Demas m'a abandonné [...]

2 Timothée 4 : 10

Parce que les gens peuvent vous abandonner à tout moment, les conduire est une lourde charge.

La présence de laïcs engagés aidera toujours à partager la charge de l'abandon. Dieu veut que nous soyons impliqués dans Son œuvre. Dieu veut que nous soyons des bergers !

3. Les laïcs vous aideront à vous occuper des membres irrespectueux et rebelles de l'église.

Et Marie et Aaron parlèrent contre Moïse... Le Seigneur n'a-t-il parlé que par Moïse seulement ? N'A-T-IL PAS PARLÉ AUSSI PAR NOUS ?

Nombres 12 : 1-2

Il y a des laïcs qui vont s'occuper des membres irrespectueux et rebelles pour vous. Vous avez toujours besoin de gens sur le terrain pour s'occuper des membres de l'église qui prennent les pasteurs à la légère. Il y a des gens qui pensent que leur argent et leur position dans le monde séculier leur donne le droit de dire et de faire n'importe quoi dans l'église.

Miriam et Aaron (ses assistants et membres de famille les plus proches) parlèrent contre Moïse. Ils ont très probablement dit quelque chose comme : « Dieu parle aussi par nous » et « Es-tu le seul dont Dieu se sert ? »

Avec le temps, la familiarité s'insinue et les arrogants vous considèrent alors comme un égal. Ils ont tendance à penser : « Nous pouvons tous le faire. Pourquoi en faire tout un plat ? Vous n'êtes pas différent de nous ! »

Cela est regrettable, mais réel. Les gens vous prennent facilement pour acquis. Ils murmurent et se plaignent contre vous, en oubliant tout ce que vous avez fait pour eux.

Lorsque certains membres de l'église manifestent leur humeur, ils parlent de vous comme si vous étiez un petit enfant.

« Vous me rappelez mon père »

Un membre de l'église s'approcha de son pasteur après le service du dimanche. Le pasteur pensait qu'elle allait le féliciter pour le puissant sermon qu'il venait de prêcher.

Elle commença : « Pasteur, vous savez quoi ? J'ai senti que je devrais vous dire que vous me rappelez mon père ».

« Oh, vraiment ? » répondit le pasteur. Il pensait qu'il lui rappelait quelques bonnes caractéristiques de son père.

Elle poursuivit : « Il était si plein de lui-même, et vous êtes pareil ! »

Le pasteur fut surpris mais sourit et continua comme s'il avait reçu un compliment. Ce membre de l'église disait au pasteur exactement ce qu'elle pensait de lui. Moïse a également connu des rebelles qui pensaient qu'il avait une trop grande ambition. Moïse avait aussi des gens qui voulaient le réduire. C'est pourquoi Moïse dû partager sa charge avec 70 autres anciens.

Or Korah […] et Dathan et Abiram […] et On […] s'éleva contre Moïse […] et leur dirent […] pourquoi donc vous élevez-vous [Moïse et Aaron] au-dessus de la congrégation du Seigneur ?

Nombres 16 : 1-3

4. Les bons laïcs encouragent les autres à réagir positivement à la Parole.

Lorsqu'un homme écoute la parole du royaume, et NE LA COMPREND PAS […]

Matthieu 13 : 19

L'effet domino se produit quand une chose en entraîne une autre. Quand un laïc répond positivement à votre enseignement, d'autres sont inspirés à faire de même. C'est toujours une bénédiction d'avoir des fidèles ordinaires qui vous soutiennent ouvertement. Parfois une grande partie de la congrégation ne comprend pas la Parole.

Souvent, ils ne comprennent pas pourquoi vous devez faire une collecte de fonds. Par conséquent, beaucoup ne donnent rien. Je dois souvent expliquer qu'ils donnent pour construire une belle église où ils peuvent avoir leurs mariages, les dédicaces de leurs bébés et leurs cérémonies.

Conduire des personnes qui ont toutes les caractéristiques ci-dessus : ingratitude, déloyauté, etc., est une tâche majeure.

Une personne ne peut le faire toute seule. La charge doit être partagée avec d'autres. Le partage de la charge est un travail difficile.

5. Les laïcs conduiront à l'expansion de l'église en faisant partie de la main-d'œuvre.

L'intégration des laïcs dans la main-d'œuvre est le secret de l'expansion illimitée de l'église.

Les gens pensent parfois que les laïcs ne peuvent pas faire beaucoup de travail du ministère. Ne vous y trompez pas, essayez de vous servir des laïcs et vous découvrirez combien de travail ils peuvent faire.

Les laïcs peuvent se joindre aux pasteurs pour partager la charge du peuple. Faites savoir à vos laïcs qu'ils sont appelés à partager la charge du ministère avec vous. Ils partageront la charge sur terre et ils partageront la charge de rendre compte des brebis au ciel.

Lorsque nous avons établi des églises dans les universités, nous avons confié la prédication et les responsabilités pastorales aux élèves. Je suis très fier de ces ministres étudiants en raison de l'excellent travail qu'ils ont fait sur les différents campus. Je n'ai pas à courir vers les différentes universités chaque dimanche matin pour le ministère de la Parole. Des saints ordinaires sont venus à la rescousse.

Ces saints doit être perfectionnés (préparés, formés) pour faire le travail du ministère. Les saints ordinaires peuvent faire le travail.

Pour le perfectionnement des saints, pour l'œuvre du ministère, pour l'édification du corps de Christ :
Éphésiens 4 : 12

La principale stratégie pour la diffusion de la charge est d'impliquer des laïcs hommes et femmes dans le ministère. Aucune église n'est capable d'employer un nombre illimité de personnes. Chaque église a une limite à ses ressources.

Il n'est pas possible de payer des salaires et de louer un nombre illimité de maisons pour le personnel du ministère. Les employés à plein temps sont limités dans la quantité de travail qu'ils peuvent faire.

6. **Les laïcs vous aideront pour la prière, les visites, les conseils et l'interaction.**

Les laïcs peuvent vous aider dans la charge de la prière, des visites, des conseils et dans l'interaction avec les brebis.

Moïse ployait sous la charge d'avoir à prier, rendre visite, conseiller et interagir avec tant de gens. Dieu vit une catastrophe imminente et décida de prendre de l'« esprit » qui était sur Moïse et de le mettre sur les soixante-dix anciens « pour porter la charge » avec lui.

> **Et le SEIGNEUR dit à Moïse : Assemble-moi SOIXANTE-DIX HOMMES d'entre les anciens d'Israël […] QU'ILS SE TIENNENT [travaillent] LÀ AVEC TOI.**
>
> **Nombres 11 : 16**

En impliquant les étudiants, les travailleurs et les professionnels, ceci aide à répartir la charge sur tous les saints de l'église. Le Seigneur veut que tous soient productifs, peu importe ce qu'ils font dans la vie.

7. **Les laïcs vous aideront à rendre compte des brebis au Jour du Jugement.**

> **[…] car ils veillent sur vos âmes, COMME CEUX QUI DEVRONT EN RENDRE COMPTE, afin qu'ils le fassent avec joie […]**
>
> **Hébreux 13 : 17**

La charge de rendre compte des brebis ne peut être portée par une seule personne ou quelques personnes qui ont un soi-disant « appel ». La charge de rendre compte de centaines de personnes différentes ne peut être portée par une seule personne. Lorsque je me tiendrai devant le siège du jugement et que Dieu me posera des questions sur certaines âmes, j'ai l'intention d'en référer aux pasteurs et bergers laïcs que j'ai nommés.

Quand le Seigneur me posera des questions sur certaines âmes dans l'église, j'ai l'intention de découvrir qui était en charge et de dire au Seigneur de demander à cette personne. Il est impossible que je puisse rendre compte de toutes ces personnes différentes personnellement.

Chaque pasteur aura beaucoup à rendre compte quand il se tiendra devant le Seigneur au ciel. Votre charge est de pouvoir conduire toutes vos brebis au ciel. Assurez-vous de n'en perdre aucune. Chaque pasteur doit espérer pouvoir dire : « Je n'ai perdu aucun de ceux que tu m'as donnés ! » Jésus a dit cette phrase à trois endroits différents : Jean 6 : 39, Jean 17 : 12 et Jean 18 : 9.

Chapitre 6

Les cinq maux qui apparaissent quand les laïcs ne sont pas impliqués dans le ministère

1. **Si vous ne permettez pas aux laïcs de travailler dans le ministère, vous tuerez le principe chrétien du sacrifice dans l'église.**

   Alors Jésus dit à ses disciples : Si un homme veut venir après moi, qu'il renonce à lui-même, et qu'il prenne sa croix, et me suive.

   Matthieu 16 : 24

Le symbole du christianisme est la croix. La croix parle de souffrance et de mort. Dieu parla à Abraham et lui demanda de renoncer à son bien le plus précieux : son fils. N'écoutez pas ceux qui vous disent que le temps de la souffrance, du sacrifice, de la perte et de la mort est passé. Le temps du sacrifice, de la perte et de la mort est venu. Dieu nous demande d'abandonner nos biens précieux pour que nous puissions Le servir. L'église est remplie de gens qui ne savent pas que Dieu les appelle au sacrifice. Le christianisme est une religion de sacrifice. Le christianisme est basé sur la croix. Le christianisme est basé sur la perte de votre vie afin que vous obteniez une nouvelle vie.

Différents sacrifices pour différentes personnes

Mais certaines personnes ont la fausse idée que Dieu demande à tous de sacrifier leur « Isaac ». Mais Dieu n'a pas demandé à Joseph de sacrifier ses fils. Il n'a pas non plus demandé à Jacob ou à Isaac de sacrifier leurs fils. Le roi David fut un homme selon le cœur de Dieu, mais Dieu n'a pas demandé à David de sacrifier son fils.

Dieu traite chacun différemment ! Ce que Dieu exige de moi peut être différent de ce qu'Il exige de vous. Dieu m'a demandé de Lui offrir ma profession. Peut-être que Dieu ne vous demandera pas de Lui offrir votre profession. *Mais Il vous demandera quelque chose et vous devrez y renoncer.*

Le christianisme implique toujours le sacrifice. Si vous ne permettez pas aux laïcs de travailler dans le ministère, ils n'apprendront jamais à renoncer aux plus petites choses pour le Christ. S'ils ne peuvent pas renoncer à leur temps, à leurs soirées et à leurs loisirs pour le Christ, que se passera-t-il si le Seigneur leur demande leur Isaac ? Il est important d'exposer les laïcs de votre église à ce principe fondamental du sacrifice.

2. Si vous ne permettez pas aux laïcs de travailler dans le ministère, vous les privez de la possibilité de manifester leur fidélité.

La Bible enseigne clairement que celui qui est fidèle en peu de choses sera fidèle dans beaucoup.

> **Celui qui est fidèle en peu de choses est aussi fidèle dans beaucoup ; et celui qui est injuste dans peu de choses est aussi injuste dans beaucoup. Si donc vous n'avez pas été fidèles dans le mammon d'iniquité, qui vous confiera les vraies richesses ? Et si vous n'avez pas été fidèles dans ce qui est à autrui, qui vous donnera ce qui est vôtre ?**
>
> **Luc 16 : 10-12**

Si quelqu'un n'est pas fidèle en tant que laïc, comment pourrait-il être fidèle quand il est dans le ministère à temps plein ?

Beaucoup de gens ne réussissent pas bien dans le ministère à plein temps parce qu'ils n'ont pas bien réussi en tant que laïcs.

Avez-vous travaillé pour le Seigneur en tant que laïc sans besoin d'encadrement ?

Aviez-vous besoin que quelqu'un vous dise de vous lever pour prier ?

Aviez-vous besoin que quelqu'un vous dise d'étudier votre Bible ?

Étiez-vous fidèle quand vous étiez à l'école ?

Mon histoire laïque

J'étais un travailleur engagé dans la Ligue de mon école.

J'étais fortement impliqué comme organiste dans un groupe de chanteurs chrétiens auquel j'appartenais.

J'étais batteur et pianiste pour la Victory Church de Londres.

J'étais impliqué dans les fraternités de l'université. Pourtant, il ne m'est jamais venu à l'esprit que je devrais être payé pour ces choses.

Ce ministère laïc est une base importante pour un futur ministère à plein temps.

Celui qui est fidèle avec le ministère laïc sera fidèle avec le ministère à plein temps. Beaucoup de gens qui ont travaillé en tant que laïcs travaillent encore mieux en tant que travailleurs à temps plein.

3. **Si vous ne permettez pas aux laïcs de travailler dans le ministère, vous emploierez des gens pour accomplir des tâches qui ne les occuperont pas pleinement.**

Tout ministère n'a pas besoin d'un pasteur à temps plein. Beaucoup d'églises peuvent être servies par des pasteurs laïcs non payés.

S'il n'y a que vingt-cinq personnes dans l'église, il est évident qu'elle ne peut pas supporter et n'a pas besoin d'un ministre à plein temps. Beaucoup de membres de l'église demandent secrètement : « Qu'est-ce que le pasteur à plein temps fait toute la journée ? »

Beaucoup de gens pensent que les pasteurs dorment du matin au soir. Le fait est qu'il n'y a pas beaucoup à faire avec une congrégation de trente personnes. Le ministère doit se développer jusqu'au point où il a besoin d'un travailleur à temps plein. L'autre réalité est que la plupart des membres travaillent pendant la journée et ne sont disponibles que le soir.

Les pasteurs ne sont pas ni des banquiers, ni des comptables, ni des pharmaciens. Ce sont des bergers qui sont censés s'occuper des brebis. Les heures de travail sont différentes pour les différentes professions ! Je ne travaille pas de neuf heures à cinq heures tous les jours, parce que je ne suis pas comptable. Je suis pasteur ! Quand les brebis sont disponibles le soir, je deviens très actif. C'est pourquoi je travaille tard dans la nuit.

Certains pasteurs deviennent oisifs et paresseux dans l'attente du dimanche où ils peuvent donner leur prochain sermon.

Car nous avons entendu que parmi vous il y en a quelques-uns qui marchent dans le désordre, NE TRAVAILLANT PAS DU TOUT…

2 Thessaloniciens 3 :11

Soyons honnêtes ! Soyons réalistes ! Votre église a-t-elle besoin de tant de pasteurs à plein temps ? A-t-elle même besoin d'un pasteur à plein temps ? Les revenus de l'église peuvent-ils pourvoir aux besoins du pasteur et de sa famille ? Le pasteur ne peut-il pas trouver un emploi séculier ? Les pasteurs sont frustrés et craintifs, car ils ne savent pas s'ils pourront survivre jusqu'au mois suivant.

Vous pouvez surmonter cette frustration aujourd'hui ! Trouvez un emploi et servez l'église, jusqu'à ce qu'elle se développe et exige toute votre attention !

Les missionnaires suisses qui ont été envoyés au Ghana il y a de nombreuses années ont été envoyés en tant que *ministres autonomes*. Ils sont venus dotés de compétences qui leur ont permis de travailler en Afrique, tout en faisant leur travail d'apostolat. C'est un bon exemple à suivre. Nous avons aujourd'hui besoin de ministres autonomes plus que jamais auparavant. La plupart des églises ne peuvent pas porter le fardeau de pourvoir aux besoins de tant de pasteurs à plein temps.

Vous devez garder votre personnel du ministère aussi petit que possible, afin de pouvoir les payer correctement. Vous ne devez pas avoir des gens oisifs et mécontents autour de vous. L'oisiveté entraîne la paresse, la paresse entraîne le mécontentement et le mécontentement entraîne la déloyauté.

Et avec cela, elles apprennent à être oisives, déambulant de maison en maison ; et non seulement oisives, mais aussi bavardes et se mêlant de tout, disant des choses qui ne conviennent pas.

1 Timothée 5 :13

4. **Si vous ne permettez pas aux laïcs de travailler dans le ministère, tout ce qui est fait dans l'église sera lié à l'argent.**

Celui qui aime l'argent ne sera pas rassasié par l'argent, ni celui qui aime l'abondance avec revenu : cela aussi est vanité.

Ecclésiaste 5 : 10

Le ministère n'est pas une source alternative d'emploi pour tout le monde. Il n'a jamais été destiné à être cela ! C'est un travail spécial que Dieu donne à ceux qu'Il a appelés. **Quand l'église s'agrandit, elle se détériore souvent en une source d'emploi pour les chômeurs.** Cela attire beaucoup de gens qui n'ont pas de meilleures options. Qu'arrive-il à l'église ? Elle devient pleine de gens qui recherchent la richesse et aiment l'argent. L'église est remplie de pasteurs qui ne cessent de lutter pour de meilleurs salaires et conditions de service.

Je ne savais pas qu'on était payé pour prêcher

J'ai commencé le ministère en tant que laïc, donc l'idée d'être payé dans le ministère à plein temps est venue beaucoup plus tard. J'ai commencé mon église quand j'étais étudiant en médecine et je me suis retrouvé pasteur tout en pratiquant la médecine. Plus tard, j'ai travaillé dans les affaires et ai combiné cela avec le travail pastoral.

À la fin de 1990, le Seigneur me dit de quitter tout ce que je faisais et d'entrer dans le ministère à temps plein. Ce ne me fut pas une décision facile. Je suis à plein temps dans le ministère pour le Seigneur Jésus depuis le 1er janvier 1991.

Il y a beaucoup de gens dans le ministère à plein temps qui ne devraient pas vraiment y être. Je crois qu'il y a beaucoup de gens qui devraient trouver un emploi séculier ! Comment une église avec soixante membres peut-elle subvenir aux besoins de huit pasteurs à plein temps et de leurs familles ? Pourtant, c'est le cas dans de nombreux ministères. Le succès dans le ministère requiert à la fois puissance et sagesse.

Mais pour ceux qui sont appelés, tant Juifs que Grecs, nous prêchons Christ la puissance de Dieu et la sagesse de Dieu.

1 Corinthiens 1 : 24

Beaucoup de pasteurs voient le ministère comme un moyen de voyager autour du monde et de conduire de belles voitures. Je n'ai pas embrassé le ministère en vue de conduire une belle voiture. C'est vrai que je conduis une belle voiture maintenant, mais je n'ai pas embrassé le ministère parce que je voulais avoir les belles choses de ce monde. En fait, l'entrée dans le ministère à plein temps fut, pour moi, la fin de tout espoir d'avoir les belles choses de ce monde.

Oui, assurément, et j'estime toutes choses comme une perte, en comparaison de l'excellence de la connaissance de Christ Jésus mon Seigneur, pour qui J'AI SOUFFERT LA PERTE DE TOUTES CHOSES, et je les estime comme des excréments, afin que je puisse gagner Christ

Philippiens 3 : 8

Un ministre qui va servir Dieu correctement devrait d'abord mourir à l'amour de l'argent et de l'or. Pourquoi cela ? La Bible enseigne que ceux qui aiment l'argent ne sont jamais rassasiés par l'argent. Plus vous leur en donnez, plus ils en veulent. Pourquoi est-ce que les personnes les plus riches de ce monde sont souvent les plus grands voleurs ?

Est-ce parce qu'ils sont pauvres ? Est-ce parce qu'ils sont dans le besoin ? Certainement pas ! C'est à cause de l'avidité de plus d'argent, et plus, et encore plus !

Vous ne pouvez pas satisfaire les gens avec de plus en plus d'argent. D'après mon expérience, chaque fois que je me suis senti sous pression pour augmenter les salaires, j'ai souvent découvert que ça ne résout pas le problème !

Vous pasteurs principaux, si vous vous sentez sous pression pour augmenter les salaires et donner de plus en plus d'avantages, vous découvrirez que le problème ne disparaît jamais. Les ministres à temps plein doivent être des gens qui ont juste à cœur de servir le Seigneur.

Cela ne veut pas dire que les gens vont devenir pauvres, mais cela veut dire que leur cœur n'a pas cette envie insatiable d'en avoir de plus en plus.

Bientôt l'église se syndique, avec les travailleurs contre la direction et la direction contre les travailleurs ! La « direction » est souvent représentée par les pasteurs principaux qui prennent les décisions et les « travailleurs » sont les autres pasteurs et les travailleurs qui ne sont pas impliqués dans les prises de décision. Si vous pouviez voir l'amertume, les jalousies et les querelles au sein du personnel à temps plein de nombreuses églises et ministères ! Cela s'étend souvent à leurs familles : les épouses des pasteurs se querellent avec les épouses des autres pasteurs.

Je préférerais avoir un ou deux travailleurs et la paix, plutôt qu'une centaine d'employés à temps plein malheureux et mécontents.

5. Si vous ne permettez pas aux laïcs de travailler dans le ministère, ils n'apprendront pas l'importance de l'obéissance et de la soumission.

Lorsque vous embrassez le ministère à temps plein, vous devez être ouvert à ce que l'avenir vous réserve. Vous pouvez être riche ou vous pouvez être pauvre. Vous pouvez être dans l'abondance ou vous pouvez « manquer de tout ». Êtes-vous prêt à tout ?

En vérité, en vérité, je te dis : Lorsque tu étais jeune, tu te ceignais toi-même, et tu allais où tu voulais ; mais lorsque tu seras vieux, tu étendras tes mains, et un autre te ceindra, et te mènera où tu ne voudrais pas. Il parla ainsi indiquant par quelle mort il glorifierait Dieu. Et quand il eut parlé ainsi, il lui dit : Suis-moi.

Jean 21 : 18-19

Jésus dit à Pierre d'être prêt à tout. Soyez prêt à être conduit n'importe où. Ce ne sera plus votre volonté, mais la volonté de Dieu. Vous n'êtes pas le commandant, vous êtes juste un des ouvriers de Dieu. L'une des raisons pour lesquelles je suis dans le ministère est que je n'ai pas le choix.

[...] malheur à moi, si je ne prêche pas l'évangile !

1 Corinthiens 9 :16

Il y a des détracteurs, des gens qui critiquent, des analystes et des commentateurs qui parlent de moi tout le temps. Je n'ai pas le temps pour les bavardages inutiles. Je préfère entendre mes chiens aboyer le matin que d'écouter leurs commentaires haineux et sarcastiques. Je dois continuer à faire ce que Dieu m'a appelé à faire. Certaines personnes m'aiment pour ce que je fais et d'autres me haïssent. Je remercie Dieu pour tous. Mais je vais de l'avant en vue du prix de la haute vocation.

Je suis totalement livré à la réalisation de l'appel de Dieu sur ma vie, ainsi Dieu me soit en aide !

Section 3

CROISSANCE DE L'ÉGLISE ET TECHNIQUES PASTORALES

Chapitre 7

L'art de manier un bâton et une houlette

L'équipement d'un berger

[…] ton BÂTON et ta HOULETTE me réconfortent.
Psaume 23 : 1,4

Sans la capacité d'utiliser votre équipement, vous ne pouvez pas obtenir la croissance de l'église. Un berger doit savoir comment utiliser son bâton et sa houlette. Le bâton et la houlette du berger. L'équipement d'un bon pasteur est son bâton et sa houlette. En effet, chaque profession a ses outils.

Les armes sont l'équipement des soldats avec lesquels ils tuent et détruisent.

Le stéthoscope est un des outils clés du médecin.

Comment utiliser votre bâton et votre houlette

1. **Le bâton et la houlette servent à conduire et gouverner.**

    Et de sa bouche sort une épée aiguë […] et il les gouvernera avec un BÂTON DE FER […]
    Apocalypse 19 : 15

    Vous devez apprendre à manier le bâton et la houlette comme des outils pour gouverner. La perception traditionnelle d'un pasteur est quelqu'un de doux, bienveillant, compatissant, mal payé, disponible à tout moment, et comme un paillasson qui ne se plaint jamais. Ce n'est pas l'image de celui qui gouverne, mais plutôt l'image de celui qui est gouverné. Je crois qu'un pasteur doit être bienveillant et patient, mais l'un de ses rôles principaux est de conduire et de gouverner. Le pasteur est la tête de l'église locale. La tête doit prendre des décisions.

Le SEIGNEUR est mon berger [...] IL ME CONDUIT près des eaux tranquilles.

Psaume 23 : 1,2

Un vrai berger mène ses brebis là où elles ont besoin d'aller. Vous ne pouvez pas être un bon leader si vous êtes faible. Chaque église a besoin d'une voix forte qui est confiante et hardie dans le Seigneur. Les brebis recherchent quelqu'un qui sait comment les diriger, qui sait où il va. Un pasteur doit conduire le peuple spirituellement et dans d'autres domaines, tels que la famille et les dimensions sociales.

Quand l'église n'a pas de leader fort et capable, quelque chose cloche.

Apprenez à parler à vos brebis avec autorité. Je ne veux pas dire que vous devriez dominer leur vie. Conduisez-les avec un haut niveau de confiance et de contrôle. Les brebis sont destinées à être conduites.

Vous avez autorité sur les brebis que Dieu vous a confiées. Vous devrez rendre compte de leurs âmes un jour.

Un leader qui refuse de prendre des décisions importantes est voué à l'échec.

Un bon leader prend ses décisions quand il a rassemblé toutes les informations nécessaires ! Ces décisions peuvent être difficiles et douloureuses. Si vous, en tant que berger, ne prenez pas ces décisions, votre église est condamnée à se faner.

Regardez tout simplement autour de vous et vous verrez combien d'églises sont mortes et sans vie. Elles sont bien loin de ce que leurs fondateurs avaient envisagé. C'est parce que quand des mauvaises choses ont commencé à se manifester, les leaders ont eu peur de faire des vagues et de prendre des décisions importantes.

Parfois, quand je regarde certaines sociétés et organismes gouvernementaux désespérément incompétents, je n'en reviens pas. Ils font d'énormes pertes et génèrent beaucoup de gaspillage dans le système. Je suis allé dans des bureaux du gouvernement où j'ai vu tout le monde en train de lire le journal. Parfois, vous voyez vingt secrétaires dans un bureau avec une seule machine à écrire. Ils n'ont rien à faire, mais ils sont payés chaque mois avec l'argent des contribuables. Quel dommage ! Ils dorment, mangent et discutent toute la journée. Leurs dirigeants ont peur de prendre la décision de licencier dix-neuf des vingt secrétaires.

Le pays s'appauvrit de plus en plus et les gens se demandent pourquoi. La raison est simple. Les dirigeants ont refusé d'évaluer la situation et de prendre une décision forte mais difficile. Ils refusent de gouverner. La crainte de perdre le pouvoir politique transforme les dirigeants démocratiques en menteurs et en hypocrites.

Je n'ai pas peur de prendre de telles décisions, parce que je me rends compte que l'église se détériorera si je ne le fais pas.

Retirez les leaders qui croupissent et remplacez-les par des gens qui désirent et savent travailler. Je fais les changements nécessaires dans mon équipe et avec mes pasteurs laïcs, quand je me rends compte qu'il faut faire un changement.

N'ayez pas peur des changements. Parfois, seul un grand changement conduira à une percée importante. **Un changement mineur aura lieu quand vous prendrez des décisions mineures. Mais une transformation *majeure* se produira lorsque vous aurez assez d'audace pour prendre une décision *majeure*.** Soyez un dirigeant fort et conduisez vos brebis aux verts pâturages.

Les femmes pasteurs peuvent apprendre à être des leaders forts et fermes sans être méchantes et querelleuses. Les bergères doivent être douces et efficaces, sans être irascibles.

2. Le bâton et la houlette permettent au ministère de tracer un chemin.

Et le Seigneur dit à Moïse [...] Mais toi, ÉLÈVE TON BÂTON, et étends ta main sur la mer, et divise-la ; et

que les enfants d'Israël aillent au milieu de la mer, sur le sol sec.

Exode 14 : 15,16

Vous devez apprendre à manier le bâton et la houlette comme des outils pour tracer un chemin. En tant que leader, Dieu vous dira de parler à son peuple, en leur donnant de nombreuses instructions. Après avoir donné des instructions aux brebis, vous devez les aider à obéir à la Parole. Un vrai berger aime ses brebis et essaie de les aider à obéir à Dieu.

Moïse était le berger du peuple d'Israël. Ses instructions étaient de traverser la mer Rouge. Après avoir reçu ce commandement, il éleva son bâton et traça un chemin là où il n'y en avait pas. C'est ce que j'appelle le ministère pastoral qui trace un chemin.

Chaque ministre à temps plein ou pasteur laïc doit apprendre à tracer un chemin là où il ne semble pas y avoir de chemin pour le peuple de Dieu. Quand certaines de vos brebis pensent que leur maison est trop loin de l'église, allez leur rendre visite, quelque soit le quartier où elles habitent. Cela leur prouvera que leurs maisons ne sont pas trop loin.

Ma visite produisit un pasteur

Je connaissais une famille qui vivait à deux heures de trajet en train de l'une de nos églises. Quand je les ai appelé, ils me dirent qu'ils ne pouvaient aller à l'église parce c'était trop loin. Alors un samedi, j'ai pris une voiture, et avec un autre pasteur nous sommes allés jusque chez eux. Ils étaient tellement surpris de notre visite.

C'est un effet des visites. Elles établissent le fait que les gens ne sont pas trop loin. À partir de ce jour, toute la famille a décidé de venir à l'église, de prendre le train et de voyager deux heures pour aller à l'église.

Ils ont fait cela pour un certain nombre d'années, et aujourd'hui l'un d'eux est pasteur. Tracez un chemin pour vos brebis. Aidez-les à voir que c'est possible d'obéir à la Parole de Dieu. Parfois, quand ils n'ont pas d'argent, donnez-leur un peu d'argent pour les aider à participer. Vous ne pourrez peut-être pas leur donner de l'argent tout le temps, mais le fait que vous l'avez fait une ou deux fois les encouragera et leur montrera que vous vous souciez vraiment d'eux. C'est le cœur du pasteur.

Tracez un chemin pour que vos brebis se marient

En tant que pasteur, il est facile de voir que vos brebis sont à la recherche de maris ou d'épouses. Ne vous contentez pas de les regarder d'un air indifférent et de prêcher qu'il est bon de se marier. Discutez avec eux des questions pratiques du choix d'un partenaire. Aidez-les à se remarquer les uns les autres. C'est ce que nous appelons « l'établissement pastoral des liens ».

Enseignez à vos membres qu'ils peuvent trouver un bon partenaire dans l'église. Certains n'aimeront peut-être pas cette idée, mais cela marche et stabilise les brebis. Bien sûr, ne les forcez pas à se marier entre eux.

Vous devez les avertir que le bonheur n'est pas garanti simplement parce qu'ils épousent une personne que vous avez recommandée. C'est parce que le mariage est complexe, et vous ne voulez pas que quelqu'un vous maudisse le reste de leur vie.

Tracez un chemin pour que vos brebis trouvent du travail

Je prêche sur la prospérité à mes membres. Après cela, l'onction qui trace un chemin vient sur moi et je les aide à trouver un emploi. Si un membre de mon église a une position stratégique d'employeur, je lui parle d'une brebis qui a besoin de trouver un travail.

Parfois, une personne que vous avez recommandée vous couvrira de honte. Mais ne laissez pas cela vous décourager de tracer un chemin pour d'autres bonnes brebis.

Il ne suffit pas de dire « traverser la mer Rouge », vous devez tracer une voie pour qu'ils puissent la traverser !

Tracez un chemin pour que vos brebis participent aux programmes de l'église

J'ai souvent changé les heures de réunion ou de répétition pour qu'une personne puisse y participer. Je suis pasteur, et je veux que toutes mes brebis assistent aux réunions. Prévoyez des heures de réunion raisonnables. *Rendez les choses possibles pour les gens.* C'est la façon ministérielle de tracer un chemin.

Prévoyez moins d'heures de réunion sans compromettre le nombre de réunions. Le dimanche est un bon moment pour rencontrer et conseiller vos brebis. Vous pouvez toujours combiner les réunions. Ne faites pas aller les gens à l'église deux fois quand ils auraient pu n'y venir qu'une seule fois.

Soyez un expert dans la réfutation des excuses des membres de l'église. Quand ils disent que les services religieux sont trop longs, faites-leur remarquer combien d'heures ils passent devant la télévision. Quand ils disent que l'église est trop loin de chez eux, demandez-leur la distance entre leurs emplois et leurs domiciles. Quand un membre de l'église n'a pas de chaussures, donnez-lui une paire. Tracez une voie. Soyez comme Moïse. Tracez une voie à travers la mer Rouge avec votre bâton et votre houlette.

3. **Le bâton et la houlette servent à prendre des territoires dans le ministère.**

Vous devez apprendre à manier le bâton et la houlette comme des outils pour prendre des territoires. Si vous avez une vision brûlante d'une méga-église, vous voudrez toujours prendre plus de territoire pour le Christ. **Vous pouvez prendre plus de territoire pour Dieu par la prière et le jeûne.** Vous pouvez conduire votre peuple dans le combat spirituel.

J'ai toujours une nouvelle vision pour mon église. Quand j'avais vingt membres, j'ai eu une vision que j'en avais cinquante. Quand j'avais cinquante personnes à l'hôpital universitaire de Korle Bu, j'ai rêvé du jour où je verrais une centaine de personnes assises dans l'église le dimanche matin.

Quand j'en ai eu cinq cents, j'ai rêvé de mille. Vous, le pasteur d'une méga-église, vous devez rêver de plus grands territoires pour le royaume de Dieu. Nous ne sommes pas un club social. Nous ne menons pas une guerre psychologique. Nous sommes dans le combat spirituel.

Et Moïse dit à Josué : Choisis-nous des hommes, et sors pour combattre contre Amalek, demain je me tiendrai sur le sommet de la colline, avec le BÂTON DE DIEU dans ma main. Et il arrivait, lorsque Moïse élevait sa main, qu'Israël avait le dessus, et quand il reposait sa main, Amalek avait le dessus.

Exode 17 : 9,11

Les gens qui prennent de nouveaux territoires sont ceux qui jeûnent et prient. Je crois qu'on doit prier pendant de longues périodes. Je crois dans le jeûne, en suivant l'inspiration de l'Esprit. Moïse, le berger du peuple de Dieu, éleva son bâton dans la guerre contre Amalek. Le bâton de Moïse symbolise la puissance de la prière d'intercession. C'est l'art de travailler dans la prière pour le ministère.

Ce que vous voyez arriver dans le monde physique n'est qu'une manifestation de ce qui se passe dans le domaine spirituel.

Toute personne qui s'appelle pasteur doit apprendre à combattre par la prière dans le domaine de l'esprit. Si vous voulez avoir une grande église, vous devez apprendre à vous battre pour elle dans le domaine spirituel. Chaque territoire est occupé par de mauvais esprits qui dominent la région.

Quand je voyage de lieu en lieu, je peux presque sentir la différence dans l'atmosphère spirituelle. Quand je suis au Ghana, je sens un climat spirituel plus léger et plus facile. Quand je suis en Allemagne, je sens la présence de nombreux mauvais esprits qui maraudent.

Développez l'art de l'intercession pour prendre plus de territoires pour Dieu. Cela signifie que vous devez développer plusieurs compétences importantes de prière.

4.   Le bâton et la houlette servent à réconforter le peuple.

[…] ton bâton et ta houlette me réconfortent.

Psaume 23 : 4

Vous devez apprendre à manier le bâton et la houlette comme des outils pour réconforter les brebis. Un des principaux ministères du berger est de réconforter les brebis. Toutes les brebis devraient pouvoir dire à leur berger : « Ton bâton et ta houlette me réconfortent ». Certaines personnes ne savent pas pourquoi leurs églises ne se développent pas.

Le berger doit vraiment aimer les brebis et s'occuper d'elles quand elles sont en difficulté. Ne perdez jamais l'occasion d'être aux côtés de vos brebis dans leur temps d'épreuve. Le devoir du pasteur laïc est de se tenir près de ses brebis quand elles sont dans le plus grand besoin et quand elles éprouvent la plus grande joie. Ce n'est pas une option ! Souvenez-vous que la douleur partagée est divisée en deux et la joie partagée est doublée.

Les brebis veulent partager leurs peines et leurs joies avec leur pasteur.

C'est le devoir du pasteur de réconforter les brebis. Le ministère de réconfort commence par manifester de l'intérêt pour les choses qui sont importantes pour les brebis. Intéressez-vous à tous leurs événements majeurs, spécialement la naissance d'un enfant, les mariages, les maladies et les funérailles. Dieu attend de ce que vous soyez là !

Ce qui est important pour vos brebis doit être important pour vous. Si vous prétendez être pasteur, que faites-vous pour manifester le véritable amour à vos brebis ?

Vous les bergers, si vous n'aimez pas vraiment votre peuple, ils ne réagiront pas à votre bonne prédication. La Bible dit que Dieu est en colère contre les bergers, parce qu'ils n'ont pas exercé de ministère réconfortant envers leurs brebis.

Vous n'avez pas fortifié les faibles, vous n'avez pas non plus guéri les malades, ni bandé celle qui était blessée ;

vous n'avez pas non plus ramené celle qui était chassée, et vous n'avez pas cherché celle qui était perdue ; mais vous les avez dominées avec force et cruauté.

Ézéchiel 34 : 4

Les brebis connaissent souvent la Parole avant que vous la prêchiez. Ce qu'ils veulent, c'est un peu d'amour. Tout le monde réagit à l'amour. Il n'y a que les démons qui ne peuvent pas être aimés ! Rappelez-vous que l'amour ne périt jamais. La Bible ne dit pas : « La prédication ne périt jamais » ou « l'Enseignement ne périt jamais ». La Bible dit : « L'amour ne périt jamais ». Le ministère réconfortant, c'est l'amour en action.

5.   Le bâton et la houlette servent à l'auto-évaluation.

Un des principaux devoirs du berger est de faire ce que j'appelle la mesure du temple. Mesurer le temple vous aide à savoir où vous vous situez.

Et il me fut donné un roseau semblable à un bâton ; et l'ange se tint debout, disant : Lève-toi, et MESURE le temple de Dieu, et l'autel, et ceux qui y adorent.

Apocalypse 11 : 1

Cela implique une analyse critique de la situation. Les pasteurs ont besoin de prendre du temps pour s'analyser et pour voir si les choses sont faites selon la vision que Dieu a donnée.

Vous devez constamment vous mesurer vous-même. Demandez-vous : « Est-ce que je fais ce que Dieu m'a appelé à faire ? » La raison pour laquelle j'écris maintenant des livres est que je crois que c'est en obéissance à Dieu. Quoi que je fasse, je cherche constamment à répondre à l'appel spécifique de Dieu sur ma vie.

Seulement vingt-cinq membres après douze ans

Je discutais avec un pasteur qui était dans le ministère depuis douze ans. Après douze ans dans le ministère, il n'avait que vingt-cinq membres dans son église. Son église était dans une ville où il y avait de nombreuses grandes églises.

Après de nombreuses années de dur labeur, il y avait peu de croissance. Tout ce qui est en vie et en bonne santé grandit. Si ce pasteur avait analysé correctement son ministère, il aurait pris des décisions importantes.

Par exemple, il se serait peut-être rendu compte que la position d'assistant lui convenait mieux que celle de chef.

Il aurait peut-être découvert qu'il n'avait pas de véritable appel de Dieu.

Il se serait peut-être rendu compte à quel point il avait besoin de fermer l'église. L'analyse et l'auto-évaluation sont très importantes dans le ministère. Elles vous aident à faire des corrections essentielles à mi-parcours.

Il retourna dans le ministère

Il y a quelques années, je parlai à un de mes amis pasteurs. Je connaissais ce pasteur depuis plusieurs années. Il avait activement servi une église dans une grande ville.

En raison de circonstances indépendantes de sa volonté, il se retrouva dans une autre ville. Là, il fréquentait seulement une église morte. Il n'était plus activement impliqué dans le ministère. Il était juste participant.

Je lui parlai et lui dit : « Si vous êtes appelé par Dieu au ministère, alors où que vous soyez et quelque soit votre situation, vous devez remplir votre ministère ». J'ai insisté pour qu'il analyse sa situation (qu'il mesure son ministère) en tant que pasteur et prenne les décisions importantes qui l'amèneraient à répondre à son appel divin. Je suis heureux de dire qu'il l'a fait. Aujourd'hui, il supervise de nombreuses églises.

EXAMINEZ-VOUS VOUS-MÊMES, pour voir si vous êtes dans la foi ; éprouvez-vous vous-mêmes [...]
2 Corinthiens 13 : 5

Examinez-vous vous-même pour voir si vous êtes dans votre appel et s'il y a quelque chose que vous devez changer.

Pouvez-vous imaginer si la Mercedes-Benz vendue aujourd'hui était exactement la même que celle d'il y a cinquante ans ? Pouvez-vous imaginer ce que ce serait si ces constructeurs d'automobiles continuaient pendant des années sans faire de changements ? Mais c'est le cas pour de nombreuses églises. Elles continuent pendant des années sans chercher à apporter des améliorations.

Nos églises et nos ministères doivent être *continuellement mis à jour et améliorés.*

Nous devons comparer ce que nous faisons à ce qui est dans la Bible. Si vous voyez quelque chose dans la Bible qui n'est pas dans votre église, efforcez-vous d'atteindre cette norme biblique.

Je suis toujours étonné devant les gens qui se battent contre les miracles et les prophéties. Les prophéties et les prophètes sont dans la Bible. Toute la Bible est remplie de témoignages de miracles surnaturels et spectaculaires.

Si vous n'avez pas de miracles dans votre église, je vous en prie ne dites pas que le temps des miracles est passé.

Mais travaillez sur vous-même jusqu'à ce que les miracles soient à l'œuvre dans votre ministère.

Acceptez le fait qu'il existe des normes bibliques à atteindre ! C'est parce que nous ne mesurons pas ce que nous faisons que nous continuons dans l'erreur pendant longtemps.

Demandez-vous : « Suis-je une bonne personne ? » Demandez à votre femme ou à votre mari ce qu'il pense de vous. Demandez-vous : « Combien de personnes devrait-il y avoir dans l'église à ce stade ? » Mesurez votre rendement et analyser vos devoirs ! Si vous vous auto-évaluez, Dieu n'aura pas à vous juger.

Mais celui qui est spirituel juge toutes choses, malgré tout il n'est lui-même jugé par aucun homme.

1 Corinthiens 2 : 15

6.   Le bâton et la houlette servent à corriger les gens.

[...] VIENDRAI-JE À VOUS AVEC UN BÂTON, ou avec amour, et dans l'esprit de soumission ?

1 Corinthiens 4 : 21

Vous devez apprendre à manier le bâton et la houlette comme des outils pour corriger les gens. Certaines personnes n'aiment pas quand le pasteur leur fait remarquer le mal et le corrige. Le pire genre de pasteur est celui qui ne peut pas corriger les choses qui ont dépassées les bornes. Il est important de purger certaines choses du troupeau. Quand vos brebis se rendent compte que vous êtes un leader faible, ils vont vous prendre comme une dupe.

Beauté Noir

Il y a plusieurs années, je suis allé faire un tour sur un cheval nommé Beauté Noire. C'était à Burma Camp, une école d'équitation militaire dans la ville d'Accra. J'étais un nouveau cavalier et le cheval s'est vite rendu compte que j'étais novice. Notre instructeur nous emmenait à travers une variété de champs dans la campagne.

Quand nous sommes arrivés à la limite de l'école d'équitation, le cheval n'avait pas envie de faire un tour, alors il s'arrêta à la barrière. J'avais un fouet à la main et donc je frappai le cheval plusieurs fois et il se mit à ruer et sauter.

Il sut bientôt que j'avais peur de lui. Certains des coureurs plus expérimentés dans le groupe vinrent à mes côtés et m'encouragèrent à contrôler mon cheval et à le conduire sur le terrain.

Pensez-vous que le cheval tourna tranquillement et me ramena à son écurie ? Il refusa absolument de sortir faire un tour cet après-midi là. Je dirais que c'est le cheval qui me conduisit, et pas que c'est moi qui le conduisis !

Quelques mois plus tard, après avoir acquis de l'expérience, ce cheval ne pouvait plus rivaliser avec moi. Je pouvais lui faire faire tout ce que je voulais.

C'est ainsi que le pasteur doit être avec les brebis. Si les gens que vous dirigez sentent que vous êtes faible, ils vous dirigeront eux-mêmes. Quand ils se rendront compte que vous êtes fort, ils se tiendront en place.

Identifiez les personnes déloyales et retirez-les de la bergerie. Réprimandez publiquement les gens quand c'est nécessaire.

La force de chasser les voleurs

Un mardi soir, pendant un service religieux, mon pasteur associé invita un membre de l'église à monter sur scène. Ce jeune homme était connu pour ses vols.

Le pasteur associé annonça à l'église que le jeune homme était un voleur dangereux qui prenait des choses des membres de l'église. Il poursuivit en disant que tout le monde dans l'église devait se méfier de lui et ne plus croire ses mensonges.

Un silence de mort régna dans l'église pendant une seconde, puis tout à coup un tonnerre d'applaudissements éclata. Le jeune homme avait pensé qu'il pouvait nous prendre pour acquis. Il pensait que parce que nous étions une église, nous allions lui permettre de faire tout ce qu'il voulait. Ce fut son erreur et les brebis apprécièrent le solide leadership du pasteur.

[…] Ne savez-vous pas qu'un peu de levain fait lever toute la pâte ? Retirez donc le vieux levain […]
1 Corinthiens 5 : 6,7

Pour certaines brebis, vous devez être doux et dire des choses comme :

« Vous me décevez ».

« Je ne m'attendais pas à cela de vous ».

« Je m'attendais à quelque chose de mieux de vous ».

« Que cela ne se reproduise jamais ».

« Quelle honte ».

« Je vous donne 20/100 pour votre christianisme ».

Et de certains ayez compassion faisant une différence :
Jude 22

Corriger les brebis ne veut pas dire que vous devriez les déshonorer. Vous pouvez les corriger sans les déshonorer. Si vous ne les corrigez pas, cette chose va se mettre à se répandre parmi la congrégation.

Le traitement « Ruby, sors ! » (RS)

Pour certaines brebis, vous devez être rude et dur. Avec d'autres, vous devez en fait les expulser de l'église. Je me souviens d'un pasteur qui se tenait en chaire et regardait deux filles en train de rigoler ; il cria de la chaire : « Ruby, sors ! » Elle n'avait pas d'autre choix que de sortir, pour ne jamais revenir.

Chasse le moqueur, et la contestation s'en ira, oui, la querelle et le reproche cesseront.

Proverbes 22 : 10

C'est ce que j'appelle le traitement RS (Ruby, sors!). Certains ont besoin d'être expulsés de l'église. Leur présence dans l'église n'est ni désirable ni utile, débarrassez-vous donc d'eux. C'est aussi simple que cela !

7.   Le bâton et la houlette servent à nourrir les brebis.

Vous devez apprendre à manier le bâton et la houlette comme des outils pour nourrir les brebis. Nourrir ses brebis est un devoir principal du berger. Tout le reste vient après qu'il ait rempli cette obligation principale. L'autorité de conduire est donnée à ceux qui ont la capacité de nourrir.

NOURRIS TON PEUPLE AVEC TON BÂTON, le troupeau de ton héritage, qui demeure seul dans la forêt, au milieu du Carmel ; qu'ils se nourrissent en Basan et en Galaad, comme aux jours d'autrefois.

Michée 7 : 14

J'ai des gens dans mon église qui sont plus âgés et plus sages que moi à bien des égards. Pourtant, dans l'église, je suis leur leader et j'exerce mon ministère envers eux. Où puis-je obtenir l'autorité de conseiller quelqu'un qui pourrait être mon père ou ma mère ? Cette autorité se trouve dans la capacité de nourrir.

D'où votre père terrestre obtient-il son autorité ? Elle vient du fait qu'il vous a nourri pendant des années et qu'il continue de vous nourrir. Quand vos parents ne vous nourrissent plus, l'autorité qu'ils ont sur votre vie diminue.

Jésus dit à Pierre par trois fois : « Pais mes brebis ». Il est très important pour le Seigneur que Ses brebis soient bien nourries de la Parole de Dieu.

> **[...] Jésus lui dit : Pais mes brebis.**
>
> **Jean 21 :17**

Le devoir principal de tous les ministères est de prêcher et d'enseigner la Parole de Dieu.

> **Et Jésus allait par toutes les villes et les villages, ENSEIGNANT dans leurs synagogues, PRÊCHANT l'évangile du royaume [...]**
>
> **Matthieu 9 : 35**

Paul fut apôtre et prophète. Il s'appela lui-même l'apôtre des Gentils.

> **Paul, UN APÔTRE de Jésus Christ par la volonté de Dieu [...]**
>
> **2 Timothée 1 : 1**

Paul poursuivit en disant au verset onze :

> **Pour lequel je suis établi PRÉDICATEUR, et apôtre, et ENSEIGNANT des Gentils.**
>
> **2 Timothée 1 : 11**

Il devrait être clair pour tout ministre que notre dessein principal est de prêcher et d'enseigner la Parole. Qu'est-ce que Paul dit à Timothée ?

> **Je te recommande donc devant Dieu et le Seigneur Jésus Christ [...] PRÊCHE LA PAROLE [...]**
>
> **2 Timothée 4 : 1,2**

Paul prédit qu'un jour viendrait où les gens ne voudraient pas que l'on prêche de Bible.

Car le temps viendra où ils ne supporteront pas la saine doctrine, mais ayant des oreilles qui les démangent, ils amasseront pour eux-mêmes des enseignants selon leurs propres convoitises ; Et ils détourneront leurs oreilles de la vérité, et se tourneront vers des fables.

2 Timothée 4 : 3,4

Je crois que le temps est venu maintenant ! Beaucoup préfèrent recevoir des prophéties. Ils veulent une rapide prière, « bénissez-moi », et une onction d'huile.

Vous les pasteurs, développez votre capacité de nourrir et de prêcher. C'est votre grand atout. Regardez autour de vous et observez les grands hommes de Dieu que vous connaissez. Vous découvrirez que chacun d'eux a une forte capacité de prêcher et d'enseigner.

Chapitre 8

Techniques pastorales qui conduisent à la croissance de l'église

Jésus Christ était beaucoup de choses pour nous. Il s'appelait de noms différents à des moments différents. À un moment donné Il dit qu'Il était le chemin, la vérité et la vie. Il annonça qu'Il était la porte. Il déclara qu'Il était le pain de vie et la lumière du monde.

Mais Il dit aussi qu'Il était le bon berger.

Que voulait dire Jésus quand Il dit qu'Il était le bon berger ? Le mot berger dans Jean 10 : 11 est traduit du mot grec poimen. C'est ce même mot, poimen, qui est traduit par pasteur dans Éphésiens 4 : 11.

Et il a donné quelques uns comme apôtres, et quelques uns comme prophètes, et quelques uns comme évangélistes, et quelques uns comme pasteurs [poimen] et enseignants ;

Éphésiens 4 : 11

Le mot berger est interchangeable avec le mot pasteur. Ce que le Seigneur disait vraiment était : « Je suis le bon pasteur ». Tout au long de la Bible, Jésus fait référence à lui-même comme à un berger ou à un pasteur.

Jésus dit qu'Il était le bon pasteur. Quelles techniques utilisait-Il ? Il parle longuement des techniques d'un bon pasteur dans le dixième chapitre de Jean.

Quelles étaient ses techniques ? Quelles étaient ses méthodes ?

Voici les techniques qui ont fait de Jésus un bon berger.

1. Une bonne technique de berger est de marcher en tête des brebis.

À celui-ci le portier ouvre [...] et **LES CONDUIT DEHORS.**

Jean 10 :3

Qu'est-ce que cela veut dire de conduire les brebis ? Cela veut dire être pratiquement à leur disposition afin qu'elles puissent vous voir et apprendre de vous dans tous les domaines de la vie et du ministère. Tout ce que vous voulez que vos brebis fassent, vous devez d'abord le faire vous-même. Elles vous suivront si elles vous voient le faire en premier !

Un pasteur qui veut que les membres de son église prient doit pratiquement les conduire dans la prière. Quand les brebis voient le berger prendre la tête, elles sont convaincues que le terrain est sûr. Un mauvais berger va rester à la maison et envoyer les membres à une réunion de prière tout seuls.

Dans notre église, j'ai toujours essayé de faire en premier ce que je voulais que mes membres fassent. Quand nous étions en train de faire un sous-sol dans notre église, nous n'avions pas les moyens de louer les machines nécessaires. Nous avons dû creuser par nous-mêmes. J'ai eu besoin de l'aide de toute l'église pour forer et creuser très profond dans le sol. Après cela, il nous fallait transporter des tonnes de sable rouge hors de la fosse.

J'aurais pu facilement déléguer le creusement à quelques autres, mais j'ai décidé de creuser et de transporter le sable moi-même. Ma décision motiva les membres de tous les niveaux sociaux à s'impliquer.

Étudiants à l'université, avocats, médecins et hommes d'affaires, tous se joignirent à moi pour travailler. Ils ont travaillé de toutes leurs forces. Pourquoi cela ? Ils avaient vu leur berger prendre la tête.

Remarquez ce qui rendit David populaire.

Mais tout Israël et Judah aimaient David, parce qu'il allait et venait devant eux.

1 Samuel 18 : 16

Pourquoi les sujets d'Israël aimaient-ils David ? La réponse est simple. Ils pourraient le voir pratiquement entrer et sortir avec eux. Ils l'ont vu faire des choses avec eux.

Nous avons parfois de longues périodes de jeûne, avec des réunions de prière toute la nuit tous les jours. Vous seriez surpris de voir combien de gens y participent tous les soirs. Je dis à mes membres que je lutte et souffre dans le jeûne, tout comme eux, et ils aiment entendre que je souffre aussi. Les brebis sont toujours heureuses de s'identifier au berger quand le berger s'identifie à elles.

Le leadership est très spirituel. Même quand les gens ne vous voient pas physiquement, ils vous suivent spirituellement. Les brebis ont une manière mystérieuse de devenir comme leur pasteur. Elles le suivent dans l'Esprit.

Marchez à la tête de vos brebis. Ne fonctionnez pas comme un cadre supérieur, qui se contente d'entrer et de sortir comme un « gros bonnet ». Il n'y a pas de place pour les « gros bonnets » dans le champ à moissonner. Il n'y a pas de place pour les « dirigeants irréels » dans le monde réel des brebis.

2. **Une bonne technique de berger est de connaître vos brebis par leur nom.**

[…] et il appelle ses propres brebis par leur NOM […]

Jean 10 : 3

Vous devez connaître les noms de vos brebis. Vous devez vouloir connaître tous leurs noms et de les appeler par leur nom. Personne n'est un numéro ! Personne ne veut être appelé « Eh ! » ou « Vous là-bas ! »

Vous devez apprendre à connaître de nouvelles personnes tous les jours. Continuez de demander leur nom jusqu'à ce que vous

vous en souveniez. Je n'ai pas honte de demander à quelqu'un son nom sept fois jusqu'à ce que je m'en souvienne. Lorsque vous connaissez la brebis par son nom, un important attachement spirituel se forme.

3. Une bonne technique de berger est de faire connaître votre voix à vos brebis.

> **[…] car ils connaissent sa voix. Et ils ne suivront pas un étranger […]**
>
> **Jean 10 : 4-5**

Comment les gens connaissent-ils la voix du berger ? Comment connaissez-vous la voix de quelqu'un ? C'est parce que vous l'avez entendu vous parler à plusieurs reprises. Un bon berger doit parler à ses brebis à plusieurs reprises jusqu'à ce qu'elles connaissent sa voix.

Je prêche tout le temps à mon église. Je n'invite pas souvent de conférenciers. Je crois au fait d'inviter les conférenciers, mais je crois que la meilleure personne qui puisse prêcher à mes brebis est moi-même, parce que je suis leur berger.

Quand une femme donne naissance à un bébé, ses seins sont pleins de lait pour le nouvel enfant. C'est la même chose avec le berger. Son esprit est plein de la Parole pour qu'il la donne à ses enfants. Le corps et les seins d'aucune autre femme ne sont mieux qualifiés pour nourrir son propre enfant. La nature en a fait ainsi. Parce que vous avez donné naissance, vous êtes naturellement préparé pour alimenter ce que vous avez engendré.

Lorsque vos brebis sont habituées à votre voix, elles ne suivront pas un étranger. Si vous-même vous vous appelez un pasteur, levez-vous et nourrissez vos brebis régulièrement. Prêchez-leur tout le temps, et enseignez-les de votre cœur. Elles grandiront et donneront naissance à d'autres.

Elles connaîtront votre voix sur les questions du mariage, des affaires, du succès et de la vie en général. Ils ne voudront entendre que votre voix concernant différents aspects de leur vie. La voix d'un vrai berger sonne toujours dans l'esprit de ses brebis. Je me demande si vous êtes un vrai berger si vous ne nourrissez pas vos brebis régulièrement et constamment.

4. Une bonne technique de berger est de demeurer avec les brebis.

Le mercenaire s'enfuit, parce qu'il est mercenaire, et qu'il ne se met point en peine des brebis.

Jean 10 : 13

Celui qui s'appelle lui-même un pasteur voudra rester près des membres et se mêler à eux, parler avec eux et s'intéresser à eux. David dit :

J'ai demandé une chose au Seigneur que je rechercherai, C'EST DE DEMEURER DANS LA MAISON DU SEIGNEUR tous les jours de ma vie, pour contempler la beauté du Seigneur, et pour m'enquérir dans son temple.

Psaume 27 : 4

David voulait demeurer dans la maison du Seigneur. En fait, il voulait y vivre. Et vous voulez vous précipiter chez vous ! Êtes-vous vraiment appelé ?

Je m'interroge sur l'authenticité d'un pasteur qui n'a aucune envie de rester après le service pour se mêler aux brebis et bavarder avec elles. La Bible dit que le mercenaire s'enfuit. Cela signifie qu'il s'en va vite ! Il veut s'en aller loin des gens !

Ces gens-là ne supportent pas les visiteurs dans leurs maisons. Ils disent toujours des choses comme : « J'ai besoin de ma solitude, j'ai besoin de mon espace » ou « Je ne peux pas supporter d'avoir tous ces gens autour de moi » et « Je ne peux pas cuisiner pour tant de gens ». Rappelez-vous que l'évêque est censé « être hospitalier ». (1 Timothée 3 : 2).

5. Une bonne technique de berger est de connaître vos brebis.

Je suis le bon berger, et je connais mes brebis et elles me connaissent.

Jean 10 : 14

Connaître vos brebis signifie que vous devez connaître leurs noms, où elles vivent et où elles travaillent. Vous connaissez leur santé, leurs amis et leur école. Vous savez quand elles passent des examens. Vous connaissez leur famille, leur conjoint et avec qui elles vivent.

Vous devez connaître leur situation financière et leur occupation. Connaissez tout simplement tous les aspects de leur vie. Connaître veut dire connaître ! C'est seulement quand vous connaissez plus de détails sur vos brebis que vous pouvez les aider ou les conseiller correctement.

Une fois, je posai des questions à un pasteur au sujet d'une de ses brebis. Je lui demandai : « Est-ce qu'il est marié ? »

Il me répondit : « Je ne sais pas ».

« Où est-ce qu'il travaille ? »

« Je ne suis pas sûr », me répondit-il.

« Est-ce qu'il est venu à l'église la semaine dernière ? »

« Je ne l'ai pas vu », me répondit-il.

Dans une très grande église, vous pouvez excuser le pasteur s'il ne connaît pas ces détails. Mais dans une petite église communautaire, le pasteur n'a aucune excuse quand il ne connaît pas ces détails sur ses brebis.

Frère X, Pasteur X

Je me souviens d'un pasteur de mon église qui avait appartenu avant à une autre église. Un jour, lors d'un mariage, il lui arriva de rencontrer son ancien pasteur principal. Ce dernier lui dit : « Frère 'X', ça fait longtemps que je ne vous ai pas vu ».

« Est-ce que vous êtes venu à l'église dimanche dernier ? » demanda le pasteur principal.

Frère 'X' (qui était devenu pasteur de mon église) sourit et lui dit : « Non pasteur, je ne suis pas venu ».

Ce pasteur principal ne savait pas que ce frère avait cessé de venir à son église depuis longtemps. Il ne savait pas que cet homme était même devenu pasteur dans un autre ministère. Comme c'est triste !

Jésus a dit : un bon pasteur connaît ses brebis. Si Dieu vous confie une vingtaine de personnes, soyez sûr de tout connaître sur elles. N'en laissez aucune vous échapper. Jésus poursuivit : « J'ai gardé ceux que tu m'as donnés, et aucun d'eux n'est perdu ». (Jean 17 : 12). Il est important que de nombreux jeunes pasteurs et bergers travaillent avec le pasteur principal de sorte qu'aucune des brebis ne se perde.

Dieu nous considérera responsable pour chaque brebis perdue. Garder les brebis que Dieu vous a confiées.

6. **Une bonne technique de berger est d'être connu des brebis.**

Un bon berger « ouvre » sa vie aux brebis afin qu'elles puissent le connaître. La vie du berger intéresse les brebis. Ne soyez pas un personnage mystérieux pour vos brebis. Montrez-leur que vous êtes bien réel et que vous passez par les mêmes problèmes et les mêmes tentations qu'elles.

7. **Une bonne technique de berger est de garder la famille de l'église ensemble.**

L'un des traits essentiels de l'appel pastoral est la capacité de garder beaucoup de gens ensemble tout au long des années.

Plus longtemps un groupe de personnes restent ensemble, plus ils se marchent sur les pieds. Les conflits d'une famille commencent à surgir. Les frères se tournent contre les frères et les sœurs contre les sœurs.

Un bon pasteur garde tout le monde ensemble. Le don pastoral garde les employeurs dans la même église avec les employés. L'onction sur le berger est en mesure de garder les vieux dans la même pièce que les jeunes. Elle permet aux mariés de s'entendre avec les célibataires.

Alors que l'église grandit, les bonnes techniques de berger garderont les ennemis et leur permettront de pratiquer leur foi ensemble sous le même toit.

Les bonnes techniques de berger maintiennent les débiteurs et les créanciers dans le même troupeau et les empêchent de s'entredéchirer.

Mais le mercenaire, qui n'est pas le berger, et à qui n'appartiennent pas les brebis, voit venir le loup, abandonne les brebis, et prend la fuite ; et le loup les ravit et DISPERSE LES BREBIS.

Jean 10 : 12

8. **Une bonne technique de berger est de remarquer les problèmes de vos brebis.**

Mais le mercenaire, qui n'est pas le berger, et à qui n'appartiennent pas les brebis, VOIT VENIR LE LOUP […]

Jean 10 : 12

L'Écriture nous dit que le bon berger peut voir venir le loup. Il voit les problèmes de son peuple et il est préoccupé. Il sait quand ils passent des examens. Il sait quand ils ont des problèmes conjugaux.

Il sait quand leurs entreprises passent par des « temps difficiles ». Quand une brebis échoue à ses examens ou perd un être cher, un loup de découragement et de frustration approche bientôt. Un bon pasteur doit être capable de voir le loup et de passer à l'action.

Le mauvais pasteur voit les loups, mais dit : « C'est votre problème ! » Le bon pasteur remarquera toujours quand les brebis sont en difficulté.

9. **Une bonne technique de berger est de délivrer vos brebis de leur captivité.**

[…] et le loup les ravit et disperse les brebis.

Jean 10 : 12

Pasteurs, levez-vous et priez pour vos brebis ! Servez leurs besoins. En dehors de la prédication, priez pour leur délivrance de la sorcellerie, des démons et des maladies. Les gens aiment quand leur pasteur prie pour eux. Priez pour eux, donnez-leur l'onction d'huile. Ils ont besoin de cet encouragement et de votre ministère.

10. Une bonne technique de berger est de donner votre vie pour l'œuvre de Dieu.

Je suis le bon berger. Le bon berger donne sa vie pour ses brebis.

Jean 10 : 11

Un bon berger sacrifie sa vie pour ses brebis. Le mauvais pasteur n'est prêt à donner que deux heures de son temps le dimanche. Il veut toujours s'éloigner de la foule.

Si une femme désire être une bonne épouse, elle doit se donner entièrement à son mari. Si vous voulez être un bon médecin, vous devez vous donner entièrement à la médecine. De même, si vous voulez être un bon pasteur, vous devez donner votre vie et votre temps à la haute vocation de la charge pastorale. Ça vaut la peine à la fin de la journée.

Décidez d'utiliser les meilleures techniques de berger. Donnez-vous pleinement à cette œuvre. Vous aurez bientôt une méga-église.

Section 4

CROISSANCE DE L'ÉGLISE ET GESTION PRUDENTE DE L'ARGENT

Chapitre 9

Comment une gestion prudente de l'argent de l'église peut conduire à la croissance de l'église

Votre gestion de l'argent de l'église aura une grande influence sur la croissance de l'église. Votre gestion de l'argent de l'église amènera le peuple à avoir foi en vous ou à perdre confiance en vous. En d'autres termes, la congrégation vous jugera sur la façon dont vous gérez les offrandes qu'ils vous ont confiées. Quand ils voient leurs dons utilisés pour quelle chose de bon, leur engagement va augmenter. Ils vous considéreront comme un sage leader parce que vous avez utilisé l'argent prudemment. Il est important que les membres de l'église vous considèrent plus comme un sage que comme un fou. S'ils vous considèrent comme un sage, ils vous confieront plus d'argent.

Presque toute stratégie de croissance de l'église aura besoin de l'argent. Vous aurez besoin d'argent pour organiser des camps et des conventions. Vous aurez besoin d'argent pour passer à la radio et à la télévision. Vous aurez besoin d'argent pour organiser des missions, des croisades et des réunions de petits-déjeuners. Sans une bonne provision d'argent, la plupart de vos rêves et de vos visions mourront en vous.

Clés pour gérer l'argent

1. **Gérer l'argent implique beaucoup de sagesse.** Il est important d'utiliser des principes séculiers pour gérer l'argent de votre église.

2. **Spiritualiser de trop les questions financières est la principale cause de la confusion financière qui tourmente les églises.**

3. **Les employés de l'église doivent payer des impôts. L'église elle-même ne paye pas d'impôts.** Toutefois, les personnes qui travaillent pour l'église doivent payer des impôts. Si une église s'engage dans un genre d'entreprise ou d'activité à but lucratif, elle doit payer des impôts sur les revenus qu'elle en obtient.

   En d'autres termes, les églises ne paient pas d'impôts sur la dîme, les offrandes et les dons reçus. Toutefois, l'impôt doit être payé sur les revenus générés par les exploitations agricoles, les magasins et autres affaires. Ne spiritualisez pas le paiement de l'impôt.

4. **Évitez les dettes.** Bien que cette instruction semble simple, c'est sans doute le conseil le plus profond que je puisse donner à un ministère. Les dettes ont fermé de nombreuses églises. Les dettes ont trompé beaucoup de pasteurs en leur donnant une fausse impression de prospérité. Les dettes ont trompé les pasteurs en les poussant à s'investir de trop. Beaucoup empruntent jusqu'à ce qu'ils franchissent le seuil d'avoir trop emprunté. Vous pouvez prospérer sans emprunter d'argent.

5. **Embauchez sagement et prudemment.** Plus vous embauchez de gens, plus vous devez payer des salaires. Comme dit le proverbe : « moins on est plus on s'amuse ». C'est possible de faire beaucoup avec quelques employés. C'est possible d'accomplir beaucoup avec moins de gens, mais des gens plus qualifiés.

6. **Il n'y a rien de prestigieux dans le fait d'avoir beaucoup d'employés dans votre ministère.** Dieu ne vous a pas appelés à créer des emplois. Il vous a appelés à gagner des âmes.

7. **Démarrer un projet de construction le plus tôt possible.** Dès que votre église commencera un projet de construction, vos finances s'amélioreront et vous serez surpris de voir ce que vous pouvez accomplir. Ne vous attendez pas à voir

d'énormes sommes d'argent avant de commencer un projet de construction. Le projet de construction dans lequel vous vous lancez sera la plus grande preuve d'intégrité financière de votre ministère.

8. **Ne commencez pas un projet grandiose qui soit beaucoup plus grand que votre ministère.** Vous ne le finirez peut-être jamais, et les membres de votre église peuvent se décourager par l'état de votre projet de construction qui serait sans fin.

9. **Il y a beaucoup d'énormes projets de construction qui sont impressionnants aux yeux des hommes, mais que Dieu n'a pas initié.** Malheureusement, un bon nombre de ces projets grandioses sont vides ou à moitié remplis quand ils sont achevés. Certaines églises ne sont remplies qu'à moitié le jour de leur dédicace.

10. **Les projets de construction grandioses causent beaucoup de stress au pasteur principal.** Ces pasteurs stressés ont tendance à prêcher surtout à propos des finances, parce qu'il y a un grand besoin urgent d'argent.

11. **Répondez aux besoins de l'église avant de répondre aux besoins du pasteur.** Par exemple, édifiez un bâtiment pour l'église avant de construire une maison pour le pasteur principal. Voir le bâtiment de leur église s'élever génère beaucoup de confiance et inspire les membres de l'église à donner.

12. **Les membres de l'église peuvent encourager le pasteur à s'acheter la plus belle voiture.** De nombreux membres ont des sentiments mitigés sur la prospérité de leur pasteur ! D'un côté, ils sont heureux qu'il réussisse bien, mais d'un autre côté, ils se demandent si l'argent est utilisé judicieusement.

13. **Puisque vous ne pouvez pas toujours expliquer la source de toutes vos bénédictions en tant que pasteur, ne montrez pas ouvertement ce que vous avez.**

14. Séparez l'argent du pasteur de l'argent de l'église.

1. Il est important de différencier entre l'argent de l'église et l'argent du pasteur. Des lignes de démarcation claires doivent être établies.

2. Il doit y avoir une compréhension que les dîmes et les offrandes de l'église n'appartiennent pas au pasteur, même s'il est incontestablement le fondateur et le leader de l'église. Pour cette raison, un pasteur ne doit pas avoir accès aux fonds de l'église pour ses besoins personnels.

3. Le pasteur ne doit pas recevoir les dîmes de l'église et les offrandes sur son compte personnel.

   Les offrandes ne doivent pas être conservées dans la maison du pasteur. Il est sage pour le pasteur de ne pas compter l'argent lui-même, mais de déléguer cette tâche à une équipe de chrétiens honnêtes.

4. Un pasteur doit s'abstenir de prendre de l'argent directement des offrandes. Ceux qui comptent l'argent vous considèreront comme un voleur sans scrupule.

5. N'empruntez pas de l'argent de l'église avec l'intention de rembourser plus tard.

6. N'utilisez pas votre argent pour des projets d'église avec l'intention d'être remboursé plus tard.

Chapitre 10

Comment gérer les offrandes

Empêchez la perte de vos offrandes en prenant les mesures suivantes :

i.   Empêchez le vol des offrandes en surveillant ceux qui deviendront les placeurs.

ii. Gardez les placeurs en vue en tout temps, de sorte qu'aucun d'entre eux ne puisse plonger sa main dans les sacs d'offrandes.

iii. Assurez une sécurité adéquate afin qu'un intrus ne puisse pas voler les offrandes.

iv. Empêchez la perte des offrandes en vous assurant que deux ou trois personnes comptent l'argent en même temps.

v.   Assurez-vous que personne n'est jamais laissé seul avec l'argent. Quand ils sont seuls, ils peuvent voler l'argent.

vi. Vous devez avoir un formulaire qui indique combien d'argent a été compté pour la journée. Ce formulaire doit être signé par au moins deux personnes. Ce qui est sur ce formulaire doit correspondre aux bordereaux de banque.

vii. Gardez l'argent dans un coffre-fort sécurisé pour vous assurer que l'offrande n'est pas volée après qu'elle ait été comptée.

viii. Les offrandes ne doivent pas être gardées chez le pasteur, autrement on l'accusera d'avoir détourné l'argent de l'église.

ix. Déposez l'argent en banque à la première occasion. Entre le temps où vous recueillez l'argent et le temps où vous le déposez en banque, l'argent peut être détourné.

x.   Veillez à ce que 100% de vos offrandes soient déposées en banque et rapidement.

xi. Ne prenez pas d'argent des offrandes avant de les déposer en banque. Cela va embrouiller les comptes et ouvrir la voie à toutes sortes de malversations. Si vous avez besoin d'argent liquide, signez un chèque d'un montant fixe et entrez-le comme avance en liquide.

Chapitre 11

Comment améliorer les dîmes et offrandes de l'église

1. Laissez assez de temps pendant le service pour la réception des offrandes.

2. De temps en temps, enseignez le don à l'église. L'enseignement régulier et hebdomadaire sur le don tend à perdre de son impact. Mais de temps en temps des enseignements sur le don spontanés et inspirés par l'Esprit ont tendance à stimuler l'offrande de façon remarquable.

3. Montrez à la congrégation des preuves d'utilisation judicieuse de l'argent. Les membres de l'église perdent tout intérêt dans le don quand ils sentent qu'ils ne font que financer le style de vie de leur pasteur « superman ».

   Je parle constamment des différents projets dans lesquels nous sommes engagés pour que mes fidèles soient motivés.

4. Prophétisez lors de la réception des offrandes. Les gens réagissent plus à la puissance de Dieu qu'aux efforts humains pour récolter des fonds.

5. Prenez au moins deux offrandes à chaque service. Au départ, on pourrait penser que les gens vont diviser leur offrande en deux. Mais l'expérience montre que prendre deux offrandes doublera approximativement les revenus obtenus par les offrandes. En outre, il y a beaucoup de gens qui arrivent en retard à l'église et ils doivent également avoir la possibilité de donner leurs offrandes.

6. Enseignez sur la dîme.

7. Faites le lien entre la dîme et l'appartenance à une église. En d'autres termes faites comprendre aux gens que vous considérez leur dîme comme l'indication de leur appartenance réelle à l'église.

8. Établissez de réelles différences entre la dîme et toutes les autres offrandes. Il doit toujours y avoir une indication que la dîme est différente de toutes les autres offrandes. Par exemple, la dîme pourrait être payée au moyen d'enveloppes et de cartes, alors que ce ne serait pas le cas pour les autres offrandes.

9. Bien qu'il doive être possible de recevoir les dîmes à tous les services, le premier dimanche du mois devrait être réservé comme dimanche spécial pour la réception des dîmes.

10. Dans la même ligne que le concept de distinguer la dîme, on peut faire venir les membres de l'église à l'autel pour présenter leur dîme, tandis qu'on ferait circuler le panier pour toutes les autres offrandes.

11. Créez un système d'index pour l'église. Encouragez les membres à écrire ce numéro sur la carte de la dîme ou sur l'enveloppe. Utilisez un ordinateur pour contrôler les dîmes reçues. Beaucoup de gens préfèrent avoir un numéro sur l'enveloppe plutôt que leurs noms. Tout le monde n'aimerait pas que les gens sachent combien est leur dîme.

12. Séparez la liste des noms et des numéros des membres de l'église, afin que cette information soit secrètement gardée.

   Ceci assure une certaine confidentialité pour les membres qui ne veulent pas que n'importe qui sache combien ils contribuent au ministère.

13. Rendez les reçus de la dîme disponibles, pour que les membres de l'église puissent demander un relevé de leurs contributions.

14. Lorsque le besoin s'en fait sentir, utilisez ces reçus comme base pour déterminer qui est membre et qui ne l'est pas.

   Vous pouvez utiliser ces reçus pour déterminer qui l'église peut aider.

Chapitre 12

Comment collecter des fonds dans l'église

1. Comprenez que la collecte de fonds est destinée à être un coup de pouce aux dîmes et offrandes générales reçues.

2. Si vous n'établissez pas le revenu de base sur les dîmes et les offrandes, la collecte de fonds n'atteindra jamais son effet prévu.

3. Des événements spéciaux de collecte de fonds ne doivent pas être trop fréquents dans une congrégation.

   Les membres se fatiguent rapidement des astuces de collecte de fonds de leur pasteur et ne répondront plus aux appels.

4. Le collecteur de fonds doit fixer le plus haut montant à collecter.

   Quand le montant est trop élevé, il aura peu de réponses. Si personne ne répond à votre demande initiale élevée, tout l'événement de collecte de fonds pourrait entrer en péril. J'ai vu cela se produire de nombreuses fois.

5. Il est parfois préférable de choisir un montant moyen auquel beaucoup plus de gens peuvent répondre.

   Par exemple, dans beaucoup de congrégations, il y a plus de personnes qui peuvent donner cent dollars et beaucoup moins qui peuvent donner mille dollars. Un simple calcul nous montre que si soixante personnes donnent cent dollars, cela rapporte plus que si deux personnes donnent mille dollars.

6. Pendant la collecte de fonds, donnez des occasions à tous les niveaux de donateurs de participer, des plus riches aux plus pauvres.

Les pauvres peuvent donner collectivement plus que les riches. Vous pouvez donc rater votre objectif si vous vous concentrez uniquement sur les riches.

7. Les promesses sont des promesses d'argent que les chrétiens font pendant les événements de collecte de fonds.

En règle générale, plus le temps donné pendant lequel les personnes peuvent honorer leurs promesses est court, plus le rendement est haut. Quelques jours après avoir fait une promesse, de nombreux chrétiens oublient ces promesses qu'ils ont faites à l'église. Je recommande que la période de temps pour honorer une promesse d'argent soit d'une semaine à trois mois.

8. Quelque soit le nombre de personnes qui font une promesse, un sage pasteur ne devrait pas s'attendre à recevoir plus de 30% des promesses.

Malheureusement, la plupart des chrétiens ne sont pas spirituels et ne tiennent pas leur parole. Beaucoup promettent de grosses sommes et ne paient pas. Si vous voulez planifier avec succès, vous ne devez jamais prévoir votre budget sur ce que la congrégation a promis.

9. Les pasteurs qui fixent leur budget sur les montants promis sont généralement accusés de détournement de fonds, parce que la totalité des montants n'est jamais réalisée.

Il est sage d'économiser de l'argent pour un projet avant de s'engager dans la collecte de fonds pour lui. Cela garantit que votre projet se réalise, que les gens paient leurs contributions promises ou non.

10. Ne considérez jamais la collecte de fonds comme un moyen de financer vos projets.

L'accumulation de vos dîmes et offrandes régulières devraient être la source principale de financement du projet. En d'autres termes, considérez la collecte de fonds pour ce qu'elle est vraiment : un coup de pouce à votre situation financière actuelle. Dieu a déterminé comment l'église doit être financée : par les dîmes et offrandes régulières.

Section 5

CROISSANCE DE L'ÉGLISE ET GESTION DES MEMBRES DE L'ÉGLISE

Chapitre 13

Définir qui sont vos membres

Les membres de l'église sont les biens les plus précieux d'une église. Votre vision de la croissance de l'église se réalise quand vous avez de plus en plus de membres de l'église. Il est important de pouvoir les compter et d'avoir des faits et des chiffres exacts au bout de vos doigts.

Les membres de l'église sont difficiles à compter, car ils vont et viennent si facilement. Beaucoup d'entre eux ne vous disent pas quand ils viennent ; ils ne prennent pas non plus la peine de vous dire quand ils s'en vont. Pour cette raison, beaucoup d'églises n'ont pas un compte vrai et précis de ceux qui leur appartiennent vraiment.

En outre, de nombreux pasteurs ne peuvent pas dire où ils se situent en fonction de leur vision de la croissance de l'église. Ils ne peuvent pas dire quand l'église grandit et s'ils accomplissent leur vision de la croissance.

Beaucoup de pasteurs ne peuvent pas dire combien il y a d'avocats, de médecins, de pêcheurs ou d'enseignants dans leurs églises. Mais cette information est importante, parce qu'elle vous guidera dans toutes vos interactions avec la congrégation.

Dans cette section, laissez Dieu faire naître dans votre esprit l'importance d'avoir les données et les informations précises. Je prie pour qu'un centre de données naisse dans votre ministère grâce à ce livre.

Il n'est plus nécessaire de donner des réponses vagues sur l'état de votre église. Il n'est plus nécessaire de raconter des mensonges sur le nombre de personnes qui viennent dans nos églises. Vous pouvez développer un puissant centre de données pour votre méga-église aujourd'hui !

1. **Inscrivez tous vos membres en utilisant un simple formulaire d'adhésion.**

   Avoir un formulaire compliqué avec toutes sortes de détails crée souvent des données inutiles qui ne sont jamais utilisées. L'église n'est pas la CIA et n'a pas besoin de telles informations étendues.

2. **Les domaines d'information les plus importants sur les membres de l'église sont le nom, l'âge, le sexe, les numéros de téléphone et adresses.**

   Certains diront que d'autres informations telles que les mariages précédents, le nombre d'enfants, la formation, etc., sont pertinentes pour un bon soin pastoral.

   Je suis d'accord avec vous, mais mon expérience est que la plupart de ces informations ne sont jamais utilisées ou gérées correctement.

   Cela devient un tas de données inutiles dont personne ne sait quoi faire.

3. **Donnez à chaque membre un numéro d'index à vie qui sera utilisé comme point de référence permanent.**

   Ce numéro sera nécessaire pour tous les systèmes et programmes informatiques utilisés. Le numéro d'index sera utilisé pour contrôler les dîmes de l'individu. Il peut également être utilisé par l'individu dans toute activité qui exige une identification. Par exemple, si vous avez des classes ou des examens à l'église, ce numéro sera pratique.

4. **Ne vous y trompez pas ! De nombreux membres d'église ne considèrent pas leur adhésion comme très importante.**

   Quand ils changent de lieu ou de pays, de nombreux membres de l'église ne prennent pas la peine d'informer leur pasteur qu'ils s'en vont. Ils se considèrent comme des membres insignifiants dont l'absence ne sera pas remarqués.

5. **Le départ inattendu d'un grand nombre de membres sans préavis transforme vos informations laborieusement acquises en données inutiles.**

C'est pourquoi on ne doit pas encourager de longs et inutiles efforts pour recueillir des informations sur chaque membre.

6. **Acceptez que l'appartenance à l'église soit fluctuante dans sa composition.**

Il y a toujours des gens stables qui ne bougent pas dans chaque congrégation, mais il est préférable que chaque pasteur accepte la fluidité absolue de l'appartenance à l'église. L'appartenance à l'église peut être décrite comme une rivière, dans laquelle l'eau que vous voyez aujourd'hui ne sera pas l'eau que vous verrez demain.

7. **Rendez l'adhésion à l'église facile.**

Le remplissage d'un formulaire simple est une procédure simple pour se joindre à l'église. Certaines églises insistent pour que les gens suivent différentes classes et procédures avant qu'ils ne soient autorisés à devenir membres. C'est une bonne idée, mais le danger est que beaucoup ne suivront pas ces classes et en déduiront qu'ils ne sont pas membres. Je crois que quand ils se joignent à l'église par une procédure simple, ils auront ensuite la possibilité de passer par les classes.

8. **Accepter la réalité des différents niveaux d'adhésion.**

Dans chaque congrégation, il y a au moins quatre niveaux d'adhésion

i. Les membres qui ont rempli un formulaire simple.

ii. Les membres qui paient la dîme.

La dîme indique un niveau d'engagement et de maturité chrétienne.

iii. Les membres qui participent en petits groupes et aux services hors du dimanche.

Ces gens-là sont encore plus engagés.

iv. Les membres qui sont leaders.

Il y a des gens qui en plus des trois descriptions ci-dessus, deviennent des leaders et des travailleurs dans l'église. Ce quatrième niveau est un niveau crucial, car c'est ici que les normes morales et éthiques de l'Église ne peuvent être exécutées. Vous ne pouvez pas empêcher les homosexuels de remplir des formulaires. Vous ne pouvez pas non plus empêcher aux prostituées de payer la dîme ou de participer à des activités d'église. Vous pouvez seulement leur prêcher et prier que le Seigneur leur fasse miséricorde. Cependant, vous pouvez réellement empêcher une personne immorale connue ou pratiquante d'occuper une position de leadership. C'est la seule façon de sauvegarder l'intégrité de l'église, au niveau de la composition des leaders.

9. **Inscrire les membres de l'église peut fournir des données importantes utiles pour offrir des programmes et des services pastoraux aux membres inscrits.**

Utilisez les ordinateurs, les bases de données et autres gadgets pour gérer la composition fluctuante de l'église moderne.

10. **Ne vous investissez pas trop dans le domaine de l'informatisation et de l'administration.**

De multiples distractions et occasions de perte de temps peuvent amener un pasteur à quitter sa véritable vocation.

11. **Ne gonflez pas les chiffres de membres.**

La plus grande personne au Ciel ne sera pas le pasteur avec le plus de membres, ce sera le pasteur qui était le plus humble sur cette terre.

Chapitre 14

Que peut-on attendre d'un membre moyen de l'église

Un pasteur de méga-église qui a du succès est quelqu'un qui comprend la mentalité des membres moyens de l'église. Sans une compréhension claire de la façon dont les membres de l'église pensent et agissent, vous ne réussirez pas dans l'administration de l'église.

Les points suivants décrivent d'une manière générale (bien sûr, il existe de nombreuses exceptions) la mentalité du membre moyen de l'église. La planification financière par un administrateur doit tenir compte de ces réalités. Un pasteur qui réussit doit prédire certaines tendances et aller à leur encontre.

Plus vite vous comprendrez et prédirez ces tendances et irez à leur encontre, plus vous aurez de succès dans le ministère.

Les pasteurs ne doivent pas avoir la fausse impression que leurs membres aiment vraiment Dieu et que leurs esprits sont constamment centrés sur l'église et ses projets.

1. La plupart des membres de l'église ne pensent pas à l'église, mais à eux-mêmes.

2. Ils dépensent beaucoup d'argent pour eux-mêmes, mais très peu d'argent pour Dieu.

3. La plupart des membres de l'église estiment que cent dollars c'est peu d'argent dans un centre commercial, mais c'est trop comme offrande à donner à l'église.

4. De nombreux membres d'église ne paient pas la dîme, et ils ne la paieront pas, quoi que vous disiez !

5. Si vous prêchez sur la dîme, certaines personnes paieront pendant un certain temps, mais la plupart des gens arrêteront

quand ils auront oublié le message. Votre planification financière comme administrateur doit prendre cela en compte.

6. La plupart des membres de l'église vont promettre diverses sommes d'argent lors des événements de collecte de fonds. Cependant, la plupart d'entre eux ne donneront pas ce qu'ils ont promis. Un pasteur sage ne doit s'attendre qu'à un faible pourcentage de la somme promise.

7. La plupart des membres de l'église fréquentent l'église de façon irrégulière.

    Ces membres contribuent donc seulement irrégulièrement au ministère. Cela explique les revenus bas et imprévisibles des églises. Tout planificateur sage doit prendre en compte ce comportement imprévisible

8. La plupart des membres de l'église ignorent les sacrifices de leur pasteur. De nombreux membres de l'église pensent que la seule responsabilité de leur pasteur est de se reposer toute la semaine et de donner un sermon le dimanche. Par conséquent, le membre moyen de l'église ne veut pas faire de nombreux sacrifices financiers pour le ministère.

9. La plupart des gens sont par nature ingrats. Ils bénéficient de l'église, mais refusent d'exprimer leur reconnaissance à travers des contributions et des dons. L'ingratitude des membres de l'église est prouvée par les sommes d'argent que les gens sont prêts à donner au ministère.

10. De nombreux membres de l'église ont pris des engagements envers d'autres groupes comme des partis politiques, des associations d'anciens élèves, des associations tribales et des organismes professionnels. Leur engagement envers ces groupes est souvent plus fort que leur engagement envers l'église. Sachez que de nombreux membres de l'église vous sacrifieront sans hésiter, vous et vos programmes d'église, pour d'autres engagements.

Section 6

CROISSANCE DE L'ÉGLISE ET LE MINISTÈRE D'AIDE

Chapitre 15

Comment choisir
les ministres d'aide

Alors les douze convoquèrent la multitude des disciples, et leur dirent : Il n'est pas raisonnable que nous négligions la parole de Dieu, pour servir aux tables.

C'est pourquoi, frères, choisissez sept hommes parmi vous, bien considérés, pleins de l'Esprit Saint et de sagesse, auxquels nous assignerons cet emploi.

Actes 6 : 2-3

Quand une église se développe, un nouveau groupe de personnes deviendra important. Ce sont les ministres d'aide ! Au commencement d'une église, un ministère d'aide ne semble pas très important. Le pasteur fait tout et il doit s'aider lui-même à faire tout ce qui est nécessaire.

Mais avec la croissance d'une méga-église, vous aurez besoin de gens qui aident dans de nombreux domaines. De nouveaux problèmes surgiront qui nécessiteront l'apport des ministres d'aide. Les ministres d'aide sont là pour résoudre des problèmes dans différents domaines d'expertise.

Une ministre d'aide est quelqu'un qui reste dans l'ombre, mais vous aide à accomplir de grandes choses pour le Seigneur. Ces personnes sont habituellement des administrateurs, des secrétaires, des assistants personnels, des aides et envoyés spéciaux. Bien que les ministres d'aide ne soient pas reconnus publiquement, leur rôle transforme souvent un pasteur peu connu en ministre productif et bien connu.

Votre volonté à accepter que vous ayez besoin de tels ministres d'aide, et votre capacité à réussir à les joindre au ministère détermineront la croissance de votre église.

Je me souviens d'avoir déclaré que je ne travaillais pas avec les femmes et ne voulais pas le faire. Malheureusement pour moi, la plupart des ministres d'aide étaient des femmes. J'ai dû m'adapter et accepter leur existence et leur présence dans le ministère. Mon refus de le faire aurait semé l'échec dans de nombreux domaines du ministère.

Malheureusement, certaines personnes se faisant passer pour des ministres d'aide ont détruit des ministères tout entiers. En effet, les ministres d'aide peuvent faire ou défaire un ministère entier.

Principes pour choisir des ministres d'aide

1. Employez des gens dont l'organisation a vraiment besoin.

2. Employez des gens qui font partie de l'église. Autant que possible, employez des gens qui sont membres de l'église. Parfois, ce n'est pas possible. Mais il est préférable de les choisir parmi vos propres brebis.

3. N'hésitez pas à renvoyer les gens de votre organisation. Celui qui emploie des gens doit être prêt et disposé à les renvoyer à l'avenir si le besoin s'en fait sentir. Contrairement à l'opinion traditionnelle, il est important de renvoyer les membres du personnel non-performants, même s'ils sont membres de votre église.

4. Employez le minimum de personnes que vous pouvez. Quand les gens sont employés pour des emplois inexistants, ils deviennent mécontents et insatisfaits. Ces gens-là se plaignent et créent une atmosphère de mécontentement dans le bureau de l'église. Il est préférable de ne pas avoir d'employé plutôt que d'avoir un employé mécontent.

5. Confiez des rôles multiples aux employés. Par exemple, un pasteur pourrait être chargé de cours à l'école biblique et en même temps assumer des devoirs pastoraux. Vous n'avez peut-être pas besoin de secrétaire, car beaucoup de gens peuvent taper leurs lettres par eux-mêmes. Vous n'avez peut-être pas besoin de réceptionniste, puisque vous pourriez avoir une sonnette pour annoncer l'arrivée d'un visiteur.

6. Partout où c'est possible, utilisez de l'équipement au lieu d'êtres humains. Les machines ne se fatiguent pas ! Les machines n'adoptent pas de mauvaise humeur ou attitude ! Les machines ne demandent pas à être payées pour des heures supplémentaires. Les machines ne prennent pas de congé. Les machines ne prennent pas de congé de maternité. Les machines ne démissionnent pas tout d'un coup !

7. Ne négligez pas les aspects professionnels et techniques du ministère. Vous devriez avoir une certaine connaissance de nombreuses professions. Beaucoup de pasteurs ont une « mentalité de blocage » et pensent qu'ils ne sont pas qualifiés pour discuter de certaines choses.

Par exemple, dès que certains ministres se rendent compte de quelque chose qui concerne le juridique, ils se bloquent et font appel aux avocats en disant : « C'est un travail légal, il suffit d'appeler les avocats pour prendre la relève ». De cette façon, contre leur gré, les pasteurs confient leur sort aux professionnels malavisés qui ne partagent pas leur vision.

Qu'il s'agisse de la comptabilité, la médecine, le droit, l'architecture ou le métier d'ingénieur, il y a un niveau auquel vous devez être en mesure de comprendre et de discuter des problèmes. Vous devez lire beaucoup et poser beaucoup de questions. Il faut de l'humilité pour poser des questions sur des choses que vous ne connaissez pas.

Mais en posant de nombreuses questions, vous apprendrez beaucoup sur beaucoup de choses dont vous n'avez pas la moindre idée. Vous pouvez avoir des discussions raisonnables avec tous les groupes professionnels de votre église. Banquiers, agents de voyage, avocats, comptables, gestionnaires de ressources humaines, charpentiers, entrepreneurs, ingénieurs, architectes et administrateurs sont censés être en mesure d'expliquer ce qu'ils font dans un langage simple. Avec le temps, ils développeront un respect sain de votre compétence pour vous engager dans des discussions intelligentes sur différents sujets.

Chapitre 16

Directives pour employer des ministres d'aide

1. **Mettez tout par écrit.** Une fois que vous commencez à employer des personnes, il est important d'écrire des lettres et des contrats le cas échéant. Les discussions ne sont pas une base suffisante pour traiter avec les employés, même s'ils sont membres de l'église.

2. **Que l'éducation soit la base de l'emploi.** Bien que le succès du ministère ne dépende pas de l'éducation, c'est un facteur important. *L'éducation affine grandement les dons naturels que Dieu a donnés à chacun.* Tout type d'éducation est souvent utile, même dans le ministère.

Votre formation n'a pas besoin d'être dans un domaine particulier pour être utile dans ce domaine. Par exemple, j'ai une formation de médecin, mais je travaille comme pasteur, directeur, médecin et leader. Je n'ai pas reçu de formation pour une grande partie de ce que je fais aujourd'hui, mais mon éducation générale dans les domaines de l'anatomie, la physiologie, la pharmacologie, la microbiologie, etc., ont grandement amélioré mes compétences de gestion.

En règle générale, plus quelqu'un est instruit, plus il est utile. C'est pourquoi les salaires augmentent quand les individus ont reçu des diplômes.

Cependant, ce n'est pas une règle absolue. Certains sont capables de s'instruire de manière informelle, comblant ainsi un manque d'éducation formelle. Un autre effet important de l'éducation est la mise en place de la discipline chez l'individu.

La discipline que quelqu'un développe pour passer des examens est importante. En générale, une personne éduquée est plus disciplinée qu'une personne sans éducation.

Les disciplines de l'éducation (devoir se coucher tard, devoir passer des examens, devoir surmonter différents obstacles et barrières) sont tous des exercices qui préparent l'individu à affronter les rigueurs de la vie réelle.

3. **Placez les gens en fonction de leurs tempéraments.** Sachez tout sur les tempéraments. La connaissance du tempérament d'un individu est le meilleur guide pour le placer. Malheureusement, quelqu'un peut être éduqué dans un domaine, mais il n'a pas le bon tempérament pour ce genre de travail.

Si vous ne comprenez pas les forces et les faiblesses du colérique, du mélancolique, du flegmatique et du sanguin, vous serez un employeur frustré. Vous devrez constamment vous demander pourquoi le travail n'est pas terminé même si vous avez un spécialiste dans ce domaine.

Choisissez un colérique quand vous avez besoin d'un gestionnaire fonceur. Le colérique est bon pour des emplois qui comportent des objectifs et des délais. C'est également un bon pionnier pour de nouveaux projets et des choses qui n'ont pas été faites avant. Il est aussi bon pour superviser les autres, à cause de sa tendance naturelle à être en charge.

Parce qu'il est motivé et sait se contrôler lui-même, il est capable de passer à travers les obstacles d'un grand projet. Un colérique fera spontanément beaucoup d'heures supplémentaires. Il ou elle pourra occuper un certain nombre de fonctions différentes en même temps. Le colérique n'est généralement pas bon comme assistant.

Choisissez un mélancolique quand le travail implique de l'attention méticuleuse et des détails. Un employé mélancolique travaillera bien aussi dans des positions où les livres et registres doivent être conservés. Ils visent également les objectifs et sont très concentrés.

Un mélancolique peut aussi être bon pour des emplois qui exigent le secret. Les mélancoliques sont très intelligents et très fidèles.

Utilisez-les pour des emplois délicats qui exigent la loyauté. Parce qu'ils sont très analytiques et attentifs aux détails, ils sont aussi bons dans des emplois qui impliquent un aspect technique. Ce sont généralement les meilleurs avec les ordinateurs, les machines et autres équipements techniques.

Choisissez le flegmatique quand il y a un travail monotone à faire. Le travail répétitif dans ses structures déjà définies est le meilleur endroit pour le travailleur flegmatique. Enseigner en milieu scolaire et faire un travail de routine dans un bureau établi sont de bons exemples d'emplois pour les flegmatiques.

Ils ne sont généralement pas bons pour respecter les délais et mettre en place de nouveaux projets. Le flegmatique est facile à vivre et est peut-être la meilleure personne pour maîtriser des situations avec des personnes difficiles. Il ne peut pas toujours exprimer l'urgence requise dans des situations sensibles et ne voit aucune nécessité de se dépêcher en rien. Tenez vos flegmatiques éloignés de zones de travail stressant et très intense.

Le sanguin doit être employé lorsque le travail exige de l'intelligence, de l'habileté et la création de conditions heureuses et agréables. Le sanguin est bon dans des emplois qui ont à voir avec les relations humaines. Ils donnent généralement une bonne présentation publique de votre travail et de ce que vous représentez.

Ce sont souvent de bons chanteurs parce qu'ils sont sans inhibition et donnent donc pleine expression à la musique qu'ils produisent. Ils introduisent la vie et la vitalité dans presque toutes les circonstances. Le sanguin est généralement doués et doit être utilisé dans les domaines où il est doué et non pas dans le domaine de l'organisation.

D'une certaine manière le sanguin n'est pas très bon pour la gestion méticuleuse et l'organisation. Votre employé sanguin peut sembler charismatique extérieurement, mais souvent il n'est pas assez discipliné pour mener les choses à leur fin.

4. Supervisez tout. Il y a quatre façons principales de superviser :

   a. La supervision par les réunions

Les réunions fournissent un forum de discussion du travail. Au cours de ces réunions, différents aspects sont abordés et les employés se concentrent sur les objectifs importants.

   b. La supervision par les visites

Il y a deux genres de visites : les visites annoncées et les visites imprévues. Les visites annoncées aident les individus à mettre en place leur meilleure performance. Les visites surprises aident le gestionnaire à voir l'image réelle.

   c. La supervision par le suivi des objectifs

C'est la meilleure forme de supervision. En fin de compte, le travailleur est censé produire des résultats. Un lieu de travail orienté sur les résultats est souvent plus productif que d'autres.

   d. La supervision par le principe de « bouc émissaire »

Dans cette méthode, les travailleurs qui sont jugés d'être non performants peuvent être renvoyés comme exemple pour les autres. Dans toute mon expérience, il n'y a rien qui donne un message plus sombre que le licenciement d'un employé. Un ton de gravité est introduit dans le système par le licenciement d'une personne.

5. Soyez un employeur bienveillant. Soyez bon et généreux envers votre personnel. Il est important que les gens perçoivent que vous vous souciez vraiment d'eux. Même si vous n'avez pas un bon salaire à leur offrir, manifestez-leur de l'amour.

Vous serez surpris de découvrir que les gens travaillent pour *« plus d'amour et moins d'argent », plutôt que pour « plus d'argent et moins d'amour ».*

Chapitre 17

Comment employer un aide

1ère étape : La lettre de candidature

Une lettre de candidature doit être écrite par l'employé potentiel. Ceci est important pour que l'individu ne dise pas plus tard qu'il a été forcé de travailler dans le ministère contre sa volonté. La candidature est la preuve du désir de l'individu de travailler avec vous.

2ème étape : La présentation de documents par le candidat

Il devrait y avoir une présentation des CV et des certificats d'école. C'est important parce que beaucoup de candidats prétendent avoir une certaine formation, mais en fait ils n'ont aucune véritable qualification. Certains ont fréquenté l'université, mais n'ont pas terminé leur année et n'ont pas réussi leurs examens.

3ème étape : L'examen du tempérament

Un simple test peut révéler le tempérament de base de votre employé potentiel.

Assurez-vous de mettre votre employé dans un domaine qui convient à son tempérament.

4ème étape : L'entretien général

Chaque candidat doit être interviewé par un jury. Un jury est plus en mesure d'évaluer objectivement un candidat. L'entretien permet de créer une base solide pour l'avenir. Le jury saura s'il convient ou non d'employer cette personne. Le demandeur d'emploi défend sa candidature et justifie pourquoi il doit être employé. L'entretien aide le candidat à percevoir l'église comme une organisation professionnelle, efficace et compétente. Cet entretien permet de déterminer si cette personne est la bonne personne pour ce travail ou non.

5ᵉᵐᵉ étape : L'entretien financier

Cet entretien est centré sur le salaire que la personne nouvellement employée peut s'attendre à recevoir. Parfois, il est sage de séparer les discussions financières des discussions centrées sur le travail lui-même. Dans un cadre d'église, il est important que les gens travaillent parce qu'ils croient que Dieu les a appelés, plutôt que pour l'argent. Après cet entretien, si l'individu est toujours heureux de travailler pour l'organisation, vous pouvez aller de l'avant et lui donner la lettre d'acceptation.

6ᵉᵐᵉ étape : La lettre d'acceptation

Une lettre d'acceptation du candidat doit lui être remise quand il réussit l'entretien. Cette lettre doit préciser la date du commencement de son travail. Cette lettre enlèverait tous les doutes concernant sa date d'embauche. La date de l'emploi devient importante lorsqu'il s'agit de déterminer les avantages liés au temps.

7ᵉᵐᵉ étape : La lettre de rémunération

C'est une lettre qui indique la rémunération qui a été discutée lors de l'entretien financier. Elle comprend des choses comme le salaire net, et toute autre indemnité de logement, de transport ou de santé qui peut exister.

Elle comprend le montant que la personne recevra et ce à quoi la personne peut s'attendre à l'avenir. Il est sage de conserver de telles lettres.

8ᵉᵐᵉ étape : La lettre de description du poste

Remettez une lettre contenant le titre du poste et la description du poste. Elle devrait expliquer en détail le travail que la personne est censée faire. Expliquez dans votre lettre comment la personne sera évaluée et quels objectifs devraient être atteints. Cette lettre devrait être remise lors d'une réunion prolongée centrée sur les explications.

9ème étape : La lettre d'orientation

Cette lettre doit introduire d'autres départements actuels et indiquer les fonctions des autres membres du personnel. De nombreuses questions se présenteront à l'esprit d'une nouvelle personne. Par exemple :

- Où dois-je m'adresser si j'ai besoin d'argent pour réaliser un projet ?

- Qui dois-je appeler lorsque j'ai besoin d'équipement ?

- Où puis-je aller quand j'ai besoin de faire réparer l'équipement ?

- Où puis-je aller quand j'ai personnellement besoin d'aide financière ?

- Qui puis-je voir quand mon ordinateur tombe en panne ?

- Qui puis-je voir quand j'ai besoin d'une voiture ?

- Qui puis-je voir si j'ai besoin de prendre des dispositions pour le transport ?

- Que dois-je faire si je veux démissionner ?

- Qui est mon patron ?

- Qui est au-dessus de mon patron?

10ème étape : La lettre d'attentes générales

C'est une lettre qui indique ce à quoi l'employé s'attend, en générale, ainsi que les règles du personnel qui peuvent exister. Dans certains bureaux, il peut y avoir des codes vestimentaires et des règles sur la vie privée et la confidentialité. Il peut y avoir des règles sur l'utilisation et la réparation de l'équipement. Il peut aussi y avoir des règles sur les visiteurs au bureau et l'accès aux bureaux. Il peut y avoir des heures de travail qui sont propres au bureau. Tous ces aspects et d'autres doivent être clairement précisés.

11ᵉᵐᵉ étape : La lettre de sanctions

C'est une lettre qui indique un ensemble de sanctions. Elle devrait inclure les mesures qui seront prises contre un employé en cas de rendement ou de comportement insatisfaisant. Ces sanctions doivent toujours comporter la possibilité de licenciement. Vous devez également inclure la réalité de la nécessité de renvoyer le personnel en cas où l'église ne peut plus payer son personnel.

Comment déterminer les salaires

L'employeur doit déterminer les salaires. Il est bon d'utiliser un conseil pour déterminer les salaires. Le conseil doit avoir une formule qui les guide dans la détermination des salaires.

Il est important d'établir clairement des grades et rangs parmi les employés. Ces rangs doivent être compris et acceptés de tous. La base de classement est la même base pour la détermination des salaires. Le classement parmi les employés devient la base pour les différents niveaux de prestations.

Les salaires sont toujours déterminés selon les principes suivants :

a. Le coût réel de la vie

Il est inutile de payer quelqu'un moins que ce sur quoi il peut survivre. Vous ne ferez que créer une armée de petits voleurs dans vos bureaux. Le coût de la vie varie d'un pays à l'autre. Il varie même au sein d'un pays. Il est important de tenir compte de ces réalités. Dans certains endroits, les gens gagnent beaucoup d'argent, mais ils ont des factures tout aussi élevées.

b. Le salaire que l'individu recevait dans son lieu de travail précédent

Cela sert à mesurer avec quoi la personne a vécu dans le passé. Les gens exagèrent souvent leur ancien salaire.

Connaître le salaire antérieur aide à calmer les personnes qui peuvent prétendre que vous ne les payez pas bien. Tout ce que vous avez à faire est de faire référence à leur emploi précédent.

c. Salaires comparables

On peut déterminer les salaires en sachant ce que reçoivent les personnes qui font un travail semblable dans des organisations comparables. On doit dire à une secrétaire qui exige un salaire excessif ce que d'autres secrétaires gagnent dans des organisations comparables. Un pasteur qui exige des prestations scandaleuses doit être informé de ce que gagnent les autres pasteurs dans les autres églises.

d. Le niveau d'éducation de l'individu.

En règle générale, plus quelqu'un est instruit, plus il gagne d'argent. Il y a des moments, cependant, où les qualifications d'un individu doivent être ignorées. Il y a des gens qui sont bons aux examens à l'école et ont donc de nombreux diplômes. Malheureusement, beaucoup de ces gens-là sont concrètement peu utiles quand il s'agit d'un vrai travail. Il faut se rappeler qu'un diplôme est juste un morceau de papier et qu'il ne veut pas dire qu'un individu est capable d'effectuer un travail.

e. La valeur de l'individu pour l'organisation.

C'est le facteur le plus important pour déterminer le revenu de quelqu'un. Pensez à ce qui se passerait si un employé particulier était absent. Des personnes qu'on peut facilement remplacer, comme les chauffeurs et les secrétaires ne sont pas aussi précieuses que les gestionnaires et les assistants à vie !

f. La longueur de temps que l'individu a travaillé après l'école.

Habituellement, plus longtemps quelqu'un a eu un emploi rémunéré, plus il est mûr et productif. Les jeunes sont pleins de zèle et d'énergie, mais ils manquent parfois de la maturité des travailleurs de longue date.

g. La durée de temps que l'individu a travaillé pour l'organisation.

La durée de temps que les personnes ont travaillé pour vous doit être reconnue. Généralement, plus longtemps les gens travaillent, plus ils doivent être payés.

h. La capacité de l'organisation à payer l'individu.

C'est bien beau de proposer des salaires très élevés. Est-ce que l'église pourra continuer de payer ces salaires ? De nombreuses organisations sont incapables de payer leurs employés à la fin du mois. Trop d'employés et des salaires trop élevés créent parfois cette situation regrettable. Le leader doit évaluer avec soin s'il pourra maintenir un certain niveau de paiement.

Parfois, les individus veulent être payés comme s'ils travaillaient dans une banque. Je dis souvent à mes employés que nous ne sommes ni une banque ni une mine d'or. Un secrétaire travaillant pour une mine d'or peut évidemment avoir un salaire plus élevé qu'un secrétaire travaillant pour une église. Une église n'a tout simplement pas les revenus d'une mine d'or et ne peut donc pas offrir les salaires d'une mine d'or.

Section 7

CROISSANCE DE L'ÉGLISE, CONVENTIONS ET RÉUNIONS DE CAMP

Chapitre 18

Comment les réunions de camp conduisent à la croissance de l'église

Et le nombre des disciples se MULTIPLIAIT […]

Actes 6 : 7

Un camp est un moment privilégié où une partie de l'église se retire dans un endroit isolé pour l'attente de Dieu. Pendant ces jours-là, la prédication, l'enseignement et la fraternité sont généralement intensifiés. Ces jours d'intense fraternité de qualité et de partage spirituel laissent des empreintes indélébiles dans le cœur des participants.

Il y a quelque chose de spécial dans un camp, quelque chose de différent d'un dimanche ou d'un service en semaine. Un camp a un impact spirituel puissant sur tous ceux qui y participent. Un camp conduit à une grande croissance dans les églises.

L'environnement spécial d'un camp

1. **Un camp a un environnement intemporel.** La différence dans la qualité de la fraternité est provoquée par l'intemporalité d'un camp. Un camp est intemporel parce que les gens n'ont pas à se précipiter chez eux à un moment donné. Il n'y a pas de limite de temps pour la prédication et l'enseignement. Il n'y a aucune raison de réduire, de diminuer ou de couper rien de ce qui est nécessaire pour le peuple.

2. **Un camp a un environnement exempt de tension.** La tension est créée par la présence de gens qui savent tout. Les orgueilleux ne viennent généralement pas aux camps. Ils sont généralement trop plein d'orgueil pour aller dans ces réunions. Un camp élimine automatiquement un groupe de membres de l'église qui sont raides, agités et difficiles à satisfaire.

3. **Un camp a un environnement exempt d'anxiété.** L'anxiété est créée par les soucis de ce monde. Les soucis de ce monde sont les besoins et les préoccupations légitimes de la congrégation.

   Dans un camp, nous sommes coupés du monde extérieur pendant quelques jours. Les inquiétudes, les soucis et les problèmes du monde sont suspendus pendant un certain temps alors que nous nous concentrons sur le Seigneur.

4. **Un camp a un environnement patient.** La patience est importante dans la formation des pasteurs. Jésus dit à ses disciples de L'attendre en priant et c'est ce qu'ils firent. Ils s'assirent patiemment sous les arbres et dormirent jusqu'au retour de Jésus. Sans patience, vous ne pourrez ni voir, ni entendre, ni sentir de nombreux aspects de la gloire de Dieu.

5. **Un camp a un environnement humble.** La nécessité de rester pendant de longues heures élimine les orgueilleux de la congrégation et vous laisse avec un groupe qui est plus ouvert à recevoir l'enseignement.

Puissants effets de rassemblement d'un camp

1. **Les réunions de camp permettent de prononcer la Parole avec hardiesse. L'absence des orgueilleux qui savent tout permet à la parole de Dieu de jaillir librement.**

   Et lorsqu'ils eurent prié, le lieu où ils étaient assemblés trembla ; et ils furent tous remplis de l'Esprit Saint, et ils prononçaient la parole de Dieu avec hardiesse.

   Actes 4 : 31

2. **Les réunions de camp permettent à la Parole de Dieu d'être prêchée en profondeur, ce qui provoque une forte augmentation du nombre des disciples.**

   Et la parole de Dieu croissait, et le nombre des disciples se multipliait beaucoup dans Jérusalem. Et un grand nombre de prêtres obéissaient à la foi.

   Actes 6 : 7

3. **Les réunions de camp permettent d'importantes interactions entre les croyants.**

Et tous ceux qui croyaient étaient ensemble, et avaient toutes choses en commun ;

Actes 2 : 44

4. **Les réunions de camp permettent à de nombreuses heures de prière d'avoir lieu.**

Et lorsqu'ils entendirent cela, ils élevèrent leur voix à Dieu d'un commun accord, et dirent : Seigneur, tu es Dieu, lequel a fait le ciel, la terre, et la mer, et tout ce qu'il y a en eux :

Actes 4 : 24

5. **Les réunions de camp encouragent l'unanimité et l'unité, de sorte que l'église tout entière ait un seul cœur et une seule âme.**

Et la multitude de ceux qui croyaient n'était qu'un cœur et qu'une âme ; et nul ne disait que les choses qu'il possédait étaient à lui ; mais ils avaient toutes choses en commun.

Actes 4 : 32

6. **Les réunions de camp donnent de la place aux prophéties à l'église, ce qui recharge les gens.**

Celui qui parle en une langue inconnue s'édifie lui-même ; mais celui qui prophétise édifie l'église.

1 Corinthiens 14 : 4

7. **Les réunions de camp donnent de la place à la manifestation des dons spirituels qui conduisent à l'édification de l'église.**

De même vous aussi, puisque vous vous montrez zélés pour les dons spirituels, cherchez à y exceller pour l'édification de l'église.

1 Corinthiens 14 : 12

8. **Les réunions de camp contrecarrent l'œuvre de division du diable.**

Ce sont ceux qui se séparent eux-mêmes, hommes mondains, n'ayant pas l'Esprit.

Jude 19

9. **Les réunions de camp luttent contre la séparation et l'isolement qui viennent de l'orgueil et de la sensualité.**

Ce sont ceux qui se séparent eux-mêmes, hommes sensuels, n'ayant pas l'Esprit.

Jude 19

10. **Les réunions de camp sont des rassemblements qui empêchent la dispersion des brebis et privent le diable de nourriture.**

Et elles ont été dispersées parce qu'il n'y avait pas de pasteur, et elles sont devenues la nourriture de toutes les bêtes des champs, lorsqu'elles ont été dispersées.

Ézéchiel 34 : 5

Chapitre 19

Comment les conventions conduisent à la croissance de l'église

Et le Seigneur AJOUTAIT chaque jour à l'église ceux qui devaient être sauvés.

Actes 2 : 47

Les conventions sont tout simplement des rassemblements du peuple de Dieu. Les conventions élèvent le nom de Jésus et apportent toujours un air de fête et de victoire. *Lors de ces réunions, beaucoup de choses ont lieu qui sont spirituellement positives et qui conduisent à la croissance de l'église.* Dans les conventions, l'église bénéficie généralement du ministère de prédicateurs invités ; ils sont souvent bien accueillis parce qu'ils ont l'aura d'un visiteur.

Voici ci-dessous une liste des choses très puissantes qui se produisent lors des rassemblements des saints. Le rassemblement des saints est ce que nous appelons une convention. Plus vous avez de conventions puissantes, plus votre église grandira.

Effets puissants du rassemblement en conventions

1. **Les conventions d'église sont importantes, parce que les brebis sont nourries avec du bon pâturage.**

Je les nourrirai dans un bon pâturage, et leur parc sera dans les hautes montagnes d'Israël ; et là, elles coucheront dans un bon parc, et se nourriront dans un gras pâturage sur les montagnes d'Israël.

Ézéchiel 34 : 14

2. **Les conventions d'église sont importantes, parce qu'elles permettent à la puissance de la guérison de circuler.**

Et Jésus partit de là et arriva près de la mer de Galilée ; il monta sur une montagne et s'y assit. Et de grandes multitudes vinrent à lui, ayant avec eux ceux qui étaient boiteux, aveugles, muets, estropiés, et beaucoup d'autres et elles les mirent aux pieds de Jésus, et il les guérit :

Matthieu 15 : 29-30

3. Les conventions des saints sont importantes, parce qu'elles apportent la présence de Dieu.

Car là où deux ou trois personnes sont assemblées en mon nom, je suis là au milieu d'elles.

Matthieu 18 : 20

4. Les conventions des saints sont importantes, parce que les mauvais esprits sont expulsés des gens.

Et il y avait dans leur synagogue un homme qui avait un esprit impur ; et il s'écria.

Marc 1 : 23

5. Les conventions des saints sont importantes, parce qu'elles permettent à la louange de continuer.

Et chaque jour ils continuaient d'un commun accord dans le temple ; et rompant le pain de maison en maison, ils prenaient leur nourriture avec joie et d'un seul cœur, LOUANT DIEU, et ayant la faveur de tout le peuple. Et le Seigneur ajoutait chaque jour à l'église ceux qui devaient être sauvés.

Actes 2 : 46-47

6. Les conventions des saints sont importantes, parce qu'elles permettent aux gens d'être sauvés.

Et chaque jour ils continuaient d'un commun accord dans le temple ; et rompant le pain de maison en maison, ils prenaient leur nourriture avec joie et d'un seul cœur, louant Dieu, et ayant la faveur de tout le peuple. Et LE SEIGNEUR AJOUTAIT CHAQUE JOUR À L'ÉGLISE ceux qui devaient être sauvés.

Actes 2 : 46-47

7. Les conventions des saints sont importantes, parce qu'elles permettent à la puissance de l'Esprit Saint de secouer l'église.

Et lorsqu'ils eurent prié, LE LIEU où ils étaient assemblés FUT SECOUÉ ; et ils furent tous remplis de l'Esprit Saint, et ils prononçaient la parole de Dieu avec hardiesse.

Actes 4 : 31

Au nom de notre Seigneur Jésus Christ, lorsque vous êtes réunis ensemble, vous et mon esprit, avec la puissance de notre Seigneur Jésus Christ,

1 Corinthiens 5 : 4

8. Les conventions des saints sont importantes, parce que grâce à elles on peut répondre à tous les besoins.

Car il n'y avait personne parmi eux dans le besoin ; parce que tous ceux qui possédaient des terres ou des maisons les vendaient, et apportaient le prix des choses qu'ils avaient vendues,

Actes 4 : 34

9. Les conventions des saints sont importantes, parce qu'elles permettent aux dons spirituels d'opérer. Cela crée la crainte de Dieu dans l'église.

Mais un certain homme, nommé Ananias, avec Saphira sa femme, vendit une possession ; Et il retint une partie du prix, sa femme y consentant aussi, et en apporta une partie, et la déposa aux pieds des apôtres. Mais Pierre dit : Ananias, pourquoi Satan a-t-il rempli ton cœur, jusqu'à mentir à l'Esprit Saint, et à garder une partie du prix de la terre ? Pendant qu'elle restait, ne t'appartenait-elle pas ? Et après l'avoir vendue, ne pouvais-tu pas en faire ce que tu voulais ? Pourquoi as-tu pu concevoir cette chose dans ton cœur ? Tu n'as pas menti aux hommes, mais à Dieu. Et Ananias, entendant ces paroles, tomba, et rendit l'esprit ; et une grande crainte vint sur tous ceux qui entendirent ces choses.

Actes 5 : 1-5

10. Les conventions des saints sont importantes, parce qu'elles permettent aux révélations, aux psaumes et aux prophéties de se manifester.

Qu'est-ce donc, frères ? Lorsque vous vous assemblez, chacun de vous a un psaume, a une doctrine, a une langue, a une révélation, a une interprétation. Que toutes choses soient faites pour l'édification.

1 Corinthiens 14 : 26

Chapitre 20

Comment avoir
des conventions réussies

Trois fois par année, tu célébreras des fêtes en Mon honneur.

Exode 23 : 14

1. On devrait organiser des conventions trois fois par an, d'après le rythme des fêtes d'Israël.

Si vous avez plus de trois conventions, les événements vont perdre de leur sens.

Dieu a ordonné trois fêtes principales pour Israël. Ces fêtes commémoraient plusieurs événements importants dans la vie de la nation d'Israël.

Ils devaient servir de rappels des choses importantes que le Seigneur leur avait enseignées dans leur marche avec Lui.

Il y avait sept différents événements, regroupés en trois fois de fête. La Fête de la Pâque avait lieu au premier mois, la Fête de la Pentecôte au troisième et la Fête des Tabernacles au septième mois de l'année.

2. Les conventions sont des événements importants dans la vie d'une église, et les gens doivent prendre du temps de congé pour y assister et y participer.

Et vous proclamerez ce même jour, que ce sera une sainte convocation pour vous ; *vous ne ferez aucun travail servile*, ce sera un statut pour toujours dans toutes vos demeures à travers vos générations.

Lévitique 23 : 21

3. **Tout le monde dans l'église doit venir aux conventions. Tous les hommes doivent assister aux festivals.**

Trois fois par an *tous les mâles* se présenteront devant le Seigneur DIEU.

Exode 23 : 17

4. **Les conventions doivent célébrer le salut que le Seigneur nous a donné. Les appels d'autel doivent être faits lors des conventions.**

Malheureusement, les programmes chrétiens sont organisés sans appels d'autel pour le salut.

Et vous observerez *la fête du pain* sans levain ; *car en ce même jour j'ai fait sortir vos armées du pays d'Égypte* ; c'est pourquoi vous observerez ce jour-là en vos générations par une ordonnance à jamais.

Exode 12 : 17

5. **Les conventions doivent conduire à beaucoup de louange pour la bonté de Dieu.**

Il devrait y avoir des moments spéciaux de louange et d'adoration, ainsi que de la musique spéciale.

Et les enfants d'Israël qui se trouvèrent à Jérusalem célébrèrent la fête du pain sans levain, pendant sept jours, avec grande allégresse *et les Lévites et les prêtres louaient le SEIGNEUR jour après jour, chantant* avec de puissants instruments au SEIGNEUR ».

2 Chroniques 30 : 21

6. **Les conventions collecteront des fonds pour la maison du Seigneur.**

Il doit toujours y avoir des moments spéciaux de collecte de fonds dans la maison du Seigneur. Les conventions peuvent accroître considérablement les finances d'une église. On doit dire aux chrétiens de venir aux conventions en s'attendant à donner et à soutenir l'œuvre du Seigneur. Ils ne doivent pas apparaître à une convention les mains vides.

Tu garderas la fête du pain sans levain (tu mangeras du pain sans levain pendant sept jours, comme je te l'ai commandé, à l'époque du mois Abib, car en ce mois-là tu es sorti d'Égypte ; et PERSONNE NE SE PRÉSENTERA LES MAINS VIDES DEVANT MOI) .

Exode 23 : 15

Et tu célébreras la fête des semaines au SEIGNEUR ton Dieu, AVEC UN TRIBUT D'OFFRANDE VOLONTAIRE de ta main, que tu donneras au *SEIGNEUR ton Dieu*, selon que le SEIGNEUR ton Dieu t'aura béni :

Deutéronome 16 : 10

7. **Les conventions suscitent un sentiment de joie, la victoire et de célébration.**

Ce sont des sentiments importants qui inspirent la croissance de l'église.

Et tu te réjouiras devant le SEIGNEUR ton Dieu, toi, ton fils, et ta fille, ton serviteur et ta servante, et le Lévite qui est dans tes portes, et l'étranger, et l'orphelin et la veuve qui sont parmi vous, au lieu que le SEIGNEUR ton Dieu aura choisi pour y placer son nom ».

Deutéronome 16 : 11

Section 8

CROISSANCE DE L'ÉGLISE ET LES RELATIONS

Chapitre 21

Pourquoi les relations et les amitiés conduisent à la croissance de l'église

Le fer aiguise le fer, ainsi un homme aiguise le visage de son ami.

Proverbes 27 : 17

Les églises qui ne se développent pas sont souvent isolées. Les ministres de l'Évangile qui ont de bonnes relations avec les autres ministres réussissent souvent et adoptent les caractéristiques de leurs amis. Il est important d'avoir de bons amis dans le ministère. Vous devenez comme vos amis. Si vos amis ont de grandes églises qui réussissent, vous aurez probablement aussi une grande église qui réussira.

Vivre dans le silence et l'isolement n'aidera personne. Cela n'aidera certainement pas quelqu'un qui veut que son église grandisse. Humiliez-vous et faites ce qu'il faut pour avoir des relations avec les gens importants.

Il y a des années, je me concentré sur Yonggi Cho et décidai d'apprendre de lui et de me rapprocher de lui. Ce fut peut-être l'une des décisions les plus importantes de ma vie en tant que pasteur. J'avais décidé de me rapprocher du pasteur de la plus grande église au monde. Cette association m'a affecté plus que je ne pouvais l'imaginer.

Golf et déjeuner

Un jour, après avoir joué au golf et un temps de fraternité en privé avec le Dr Cho, je m'assis pour déjeuner avec lui et quelques autres ministres.

Un vieux monsieur coréen s'approcha de moi et me dit : « Vous avez très bien réussi. Je me souviens de vous. Je me souviens la première fois que vous êtes venu rencontrer Dr Cho à Yverdon, en Suisse. Vous n'avez pas pu le rencontrer, et pourtant c'était votre désir ».

C'était il y a presque vingt ans.

Puis il continua : « Vous avez persévéré. Vous vous souvenez de moi ? Je vous ai parlé ensuite ».

Je lui souris : « Je me souviens très clairement de vous. Je m'en souviens comme si c'était hier. Je venais de commencer mon église et je n'avais même pas de bâtiment pour mon église ».

Puis il ajouta : « Vous avez vraiment persévéré ».

Voyez-vous, m'approcher d'une personne importante avait nécessité un parcours long et tenace. Je venais de l'extérieur, de nulle part. Et j'étais là, assis à côté du pasteur de la plus grande église au monde et déjeunant avec lui.

Après des années d'association, j'étais devenu un golfeur et avais aussi reçu la grande bénédiction spirituelle de devenir le pasteur d'une grande église.

1. **Vous devez avoir des amitiés, des associations, des relations, des affiliations et des connexions avec les autres ministres de Dieu.** Chaque ministre et chaque relation sont des liens qui apportent quelque chose à votre vie et à votre ministère. Ce qu'ils vous apportent conduira à la croissance dans votre ministère. Les relations avec les principaux ministres de Dieu ont grandement contribué à la croissance de mon ministère.

   Les relations conduisent à la croissance ! Les interactions conduisent à la croissance !

   Les amitiés conduisent à la croissance !

   C'est ce que dit la Bible.

   De nouvelles dimensions et de nouveaux chapitres se sont ouverts dans mon ministère quand je me suis ouvert à différentes personnes. Lisez-le vous-même : « [...] le corps entier, adéquatement joint et serré ensemble par ce que CHAQUE JOINTURE PROCURE, selon la vigueur effective dans la mesure de chaque partie, PRODUIT ainsi L'ACCROISSEMENT du corps pour son édification dans l'amour ». (Éphésiens 4 : 16)

2. **Vous devez avoir des amis et des relations dans le ministère, parce que ces relations vous donneront les CONNAISSANCES que vous n'avez pas.** Vous êtes toujours exclus de certaines choses à cause des connaissances que vous n'avez pas. Dans le ministère, il est nécessaire d'être relié à d'autres ministres qui ne font peut-être pas partie de votre église ou de votre dénomination. Dieu veut vous exposer aux dons d'autres ministères.

« ayant leur compréhension obscurcie, ÉTANT ÉLOIGNÉS DE LA VIE DE DIEU PAR L'IGNORANCE qui est en eux, à cause de l'aveuglement de leur cœur » ;
Éphésiens 4 : 18

3. **Vous devez avoir des amitiés et des relations, parce qu'elles vous incitent à de plus grandes œuvres dans le Seigneur.** Quand vous restez dans votre petit monde, vous n'avez aucune idée de ce que Dieu fait ailleurs. Vous n'avez pas l'idée qu'il puisse y avoir quelque chose de plus grand et de meilleur que ce que vous faites. Chaque fois que j'ai visité l'église de quelqu'un, j'ai été béni et incité à faire quelque chose de plus grand et de meilleur dans mon église.

Et considérons-nous l'un l'autre pour nous INCITER à l'amour et aux BONNES ŒUVRES :
Hébreux 10 : 24

4. **Vous devez avoir des amis qui vous diront la vérité dans l'amour.** Lorsque quelqu'un vous dit la vérité dans l'amour, elle vous fait grandir. N'est-ce pas la croissance que vous recherchez ? N'est-ce pas pourquoi vous lisez ce livre ? Entendre la vérité vous fera grandir. C'est ce que dit la Bible.

Les relations avec des ministres de l'extérieur peuvent vous exposer à la vérité que vous avez besoin d'entendre. Vous n'entendez peut-être pas cette vérité dans votre propre monde, parce qu'il n'y a peut-être personne avec assez d'autorité ou de relation avec vous pour vous dire ce que vous avez besoin d'entendre.

Mais disant la vérité dans l'amour, nous PUISSIONS GRANDIR en toutes choses jusqu'à lui qui est la tête, c'est-à-dire Christ :

Éphésiens 4 : 15

5. **Vous devez avoir des associations dans le ministère. De nombreuses bénédictions viennent en étant associé à d'autres personnes bénies.** Mon association avec de grands hommes de Dieu a été une formidable source de bénédiction pour moi. Un jour, je fus invité à l'étranger pour prêcher. Je me demandais pourquoi le pasteur m'avait invité. Quand je lui demandai pourquoi il m'avait invité, il me dit : « Je vous ai vu sur une vidéo avec David Yonggi Cho. Je crois que vous interprétiez ou faisiez quelque chose sur la scène ».

Il me dit : « Je vous ai invité parce que quiconque associé à David Yonggi Cho doit être une bonne personne ».

« Super ! », me dis-je, « ceci est le meilleur exemple de la façon dont vous pouvez être béni simplement en étant associé à quelqu'un d'autre ».

Laban, le non-croyant, connaissait très bien ce principe. Il a dit à Jacob : Dieu m'a béni parce que tu étais dans mon camp. Il a reconnu comment, où et pourquoi les bénédictions lui venaient.

Et Laban lui dit : Je te prie, si j'ai trouvé grâce à tes yeux, reste ; car j'ai compris par expérience que le SEIGNEUR M'A BÉNI À CAUSE DE TOI.

Genèse 30 : 27

6. **Vous devez avoir des amitiés, des associations, des relations, des affiliations et des connexions avec les autres ministres de Dieu pour éviter l'isolement.**

Et l'œil ne peut pas dire à la main : Je n'ai pas besoin de toi ...

1 Corinthiens 12 : 21

Souvent, l'isolement se produit parce que quelqu'un a été blessé dans les premiers stades du ministère. De nombreux ministres s'enfuient dans un coin pour éviter d'être méprisé.

L'isolement peut œuvrer pour votre bien.

L'isolement vous aide à vous concentrer sur votre ministère.

L'isolement vous aide à éviter d'être méprisé, ignoré et découragé tout le temps par d'autres ministres qui ont, soi-disant, du succès.

L'isolement vous aide à éviter les distractions de la politique entre les églises.

L'isolement vous aide à éviter l'adoption générale des erreurs des autres ministres.

L'isolement vous aide à développer votre propre identité et votre appel.

L'isolement vous aide à éviter d'être submergé sous les bannières d'autres pasteurs dominants qui essaient d'assumer le pouvoir sur toutes les églises de la ville.

L'isolement vous forcera à apprendre les normes bibliques plutôt que les normes humaines pour tous les aspects de la vie et du ministère.

Mais l'isolement peut aussi se retourner contre vous dans le ministère, parce que vous aurez besoin de la contribution, des idées et des dons d'autres ministres.

Vous apprendrez peut-être beaucoup d'autres pasteurs qui ont réussi dans votre ville. J'ai beaucoup appris de ceux qui étaient directement en avant de moi dans ma ville. J'ai regardé et tiré des leçons de leurs erreurs et de leurs réussites. Je fais des choses dans mon église que j'ai apprises d'autres ministres.

Chapitre 22

Comment développer des relations pastorales importantes

La clé du développement de relations pastorales avec d'autres pasteurs est de les inviter de façon honorable, de bien les traiter et de leur donner un moment mémorable en votre compagnie. C'est la graine qui peut se développer en relations à vie.

La plupart des relations importantes que j'ai dans le ministère se sont développées après que je les aie invités à visiter mon église. La plupart de ces amitiés se sont développées au fil des ans et sont devenues des relations vitales pour mon ministère.

Cela commence par l'invitation à la chaire et se développe dans d'autres domaines, bien que toutes les invitations n'aient pas conduit à des relations.

Ne soyez pas surpris si certains ministres évitent votre amitié. Certains ne sont pas très relationnels et une relation avec vous peut ne pas en intéresser d'autres.

Parfois, les gens n'ont pas de relation avec vous parce qu'ils sont intimidés par vous. Ils ont peut-être peur de vous et le manifesteront en vous rejetant.

Comment développer des relations par des invitations

1. **Traitez le ministre qui vous rend visite comme une personne très importante.**

Tout le monde aime se faire dorloter et être traité de façon spéciale. Mal traiter un ministre qui vous rend visite conduit souvent à des offenses et à la destruction de relations déjà fragiles.

Offrez à votre invité le meilleur hébergement possible. Ne le mettez pas dans une chambre avec vos enfants. Ne lui faites pas partager une chambre avec vos enfants. Vous n'avez peut-être pas les moyens pour une chambre dans le plus bel hôtel, mais vous devez faire ce que vous pouvez.

Les ministres ont tendance à demander où les autres prédicateurs en visite ont été hébergés.

L'hôtel à quatre chambres

Un jour, je fus invité dans un pays pour prêcher. J'avais voyagé très loin, et passé de nombreuses heures pour m'y rendre.

Quand nous sommes arrivés, on nous conduisit dans la partie la plus sale de la ville. Les routes étaient littéralement répandues avec des déchets. On ne pouvait pas faire deux pas sans marcher dans quelque chose. Il y avait une grande maison juste au coin de cette zone sale.

Lorsque nous sommes entrés dans la maison, j'ai demandé : « Où sommes-nous ? »

On me dit que c'était un hôtel. J'étais surpris qu'ils appellent cela un hôtel parce qu'il y avait seulement quatre chambres qui donnaient sur un espace commun. Une famille vivait aussi à l'étage, au-dessus des quatre chambres. Apparemment, le pasteur avait économisé beaucoup d'argent en utilisant ce bâtiment parce que sa famille en était propriétaire.

Le matin, un homme venait avec un grand plat de petits pains dans une main et de la margarine dans l'autre.

Je demandai : « Qu'est ce que c'est ? »
Il me dit : « C'est pour votre petit déjeuner ».

Je n'ai jamais séjourné dans un endroit aussi sale que ce bâtiment. J'avais peur de prendre un bain, parce que j'avais peur des fils électriques qui sortaient de la douche. J'avais peur de me retourner dans le lit, parce que je ne voulais pas que plus de drap touche mon corps.

Je me suis installé dans cet hôtel à quatre chambres et j'y ai passé une semaine entière.

J'étais heureux d'être là parce que je pensais qu'ils étaient très pauvres et c'est ce qu'ils pouvaient se permettre.

Plus tard dans la semaine, je découvris que ce même ministère avait accueilli un autre homme de Dieu. « Super », me dis-je, « Est-ce que cet homme de Dieu était hébergé dans cet hôtel ? » Je posai des questions et découvris qu'en fait on l'avait conduit à ce même hôtel à quatre chambres.

Dès qu'il entra dans notre hôtel à quatre chambre, il frappa sur la table et dit : « Je ne couche pas ici. Conduisez-moi dans le meilleur hôtel de cette ville ! »

Le pasteur qui l'accueillait se précipita pour conduire l'homme de Dieu dans un hôtel convenable.

« Y a-t-il d'autres hôtels dans cette ville ? », demandai-je.

« Oh oui, il y a d'autres beaux endroits ».

Plus tard dans la semaine, nous avons passé devant l'hôtel où cet autre homme de Dieu avait été conduit.

Vous voyez, les gens découvrent comment vous avez traité les autres. Ils comparent. Les ministres sont très sensibles, ils cherchent toujours à savoir s'ils sont méprisés ou respectés.

2. Honorez votre ami en lui donnant une invitation honorable.

N'invitez pas à un événement mineur quelqu'un que vous voulez honorer. Invitez la personne à un service important où il y aura une large assistance. Invitez les gens personnellement si vous le pouvez puis envoyez-leur une lettre.

Vous devez être présent au service auquel vous avez invité la personne. N'invitez pas un ministre si vous savez que vous serez absent (en particulier lorsque vous commencez une nouvelle relation).

L'homme en short

Un jour, je fus invité par un homme de Dieu pour servir dans son église. J'arrivai dans la ville après un voyage très long et c'était déjà le moment de prêcher. Mon hôte, cependant, était à la maison en short et il jouait au tennis de table.

Il demanda à être conduit à l'église où je devais parler. Je découvris que c'était un événement mineur auquel mon hôte lui-même ne prendrait pas la peine d'assister.

Je ne connaissais pas le jeune homme qui me présenta. Il ne me connaissait pas non plus, et je ne savais pas quel rôle il jouait dans l'église.

Alors que je prêchais, je me demandais pourquoi j'avais fait tout ce chemin pour un programme auquel mon hôte ne voulait pas y participer lui-même.

3. Le ministre en visite devrait être accueilli dès son arrivée.

Si le ministre externe vient d'un autre endroit, autant que possible un ministre de son rang doit être accueilli à l'aéroport, à la gare, etc. ! Par exemple, s'il est le pasteur principal, alors le ministre principal de l'église qui l'invite doit le recevoir à son arrivée et l'accompagner lors de son départ.

Dans certains cas, le pasteur principal ne peut pas recevoir les invités à l'aéroport ou à la gare. Une personne compétente doit alors le faire en son nom.

4. Accueillez le pasteur invité quand il arrive à l'église. Parlez-lui.

Asseyez-vous à côté de lui et conversez avec lui !

Devenez ami avec votre invité et ayez des relations fraternelles avec lui. Ce pourrait être le début d'une relation à vie. Ne passez pas tout votre temps à vous excusez sur la taille de votre église et sur la faible participation à la convention. Chaque pasteur authentique appréciera l'effort que vous faites pour édifier l'église.

5. Invitez quelqu'un que vous admirez et respectez vraiment.

Souvenez-vous que la critique secrète tue les relations. Ne critiquez ni ridiculisez vos ministres invités. Pourquoi inviter quelqu'un à votre église si c'est pour le critiquer derrière son dos ? Ne dites pas de mal d'un ministre ou d'une église, en particulier de la chaire ou en public. Ne faites pas de commentaires négatifs sur les ministres invités et leur prédication pendant qu'ils sont avec vous et après leur départ. Des ministres de l'Évangile m'ont invité et ont permis à leurs associés de me critiquer après mon départ. Si vous avez quelque chose à dire à propos d'un ministre, dites quelque chose de positif.

[…] ne dire du mal de personne […]

Tite 3 : 2

Rappelez-vous que la façon dont vous parlez préparera le terrain pour que d'autres vous critiquent à l'avenir.

La chambre sans fenêtre

Vous devez montrer à vos invités que vous les respectez. Un jour, je fus invité à servir dans une grande église. J'appréciais le ministère, mais j'avais un problème : on me mit dans une auberge dans une chambre sans fenêtre. La chambre où je vivais n'avait pas de « fenêtres ». Il y avait des fenêtres, mais elles étaient fermées et recouvertes de rideaux en permanence. Il n'y avait pas non plus de climatiseur qui marchait dans la chambre.

Cela voulait dire que cette chambre était en fait sans fenêtre et sans air. Le soir, après le ministère, je sortais et m'asseyais dans le champ pour respirer un peu d'air frais. Quand j'étais sûr d'avoir eu assez d'oxygène pour la nuit, je me retirais dans ma chambre sans fenêtre.

Un de ces jours-là, je découvris qu'un grand prédicateur américain avait aussi été invité à cette église. J'ai donc demandé : « Où ce prédicateur américain a-t-il été hébergé quand il est venu servir ici ? A-t-il été hébergé dans la même auberge sans fenêtre ? »

Comme je m'y attendais, le ministre américain n'avait pas été hébergé dans ma chambre sans fenêtre. On l'avait emmené dans un grand hôtel et traité comme un roi. Naturellement, je sentais que ces gens n'appréciaient pas le don de Dieu et ne me traitaient pas aussi bien que leur hôte américain.

En effet, vous devez faire attention à la façon dont vous traitez les ministres, parce qu'ils posent toujours des questions pour découvrir s'ils sont vraiment respectés, appréciés ou même désirés.

6. **Faites référence à votre invité en utilisant la désignation officielle qu'il utilise pour lui-même.**

Les gens ont des raisons pour s'appeler Évêques, Révérends ou Apôtres. Les ministres sont sensibles au sujet de leurs titres. Si son titre est Évêque Général, ne l'appelez pas Surintendant Général. S'il s'appelle Apôtre, ne l'appelez pas Pasteur.

7. **Cherchez quel est le nom et prénom de votre invité et prononcez-le correctement.**

Vous devez connaître le nom et prénom de votre invité. Il n'y a rien de plus irrespectueux que quelqu'un qui ne prend pas la peine de prononcer votre nom. De nombreux Noir-Américains font changer leurs noms parce que leurs maîtres esclavagistes blancs ne se donnaient pas la peine de prononcer leurs noms africains. Ne parlez pas du Révérend Ag quand son vrai nom est le Révérend Agegebodavari.

8. **Identifiez et présentez la délégation du ministre en visite.**

Il est important de les reconnaître aussi. Ne négligez pas les associés des gens ; vous négligeriez peut-être un future Élisée. La femme du ministre en visite doit également être bien accueillie. C'est une personne importante.

9. **Connaissez le nom de l'église ou du ministère du ministre invité.**

Ne pas vous souvenir du nom exact de l'église de quelqu'un vous fait paraître arrogant. Ne donnez pas l'impression que vous avez affaire à une église sans importance avec un nom malheureusement difficile à se rappeler. Ne donnez pas l'impression que vous ne vous donnez pas la peine de vous rappeler du nom de son ministère.

Par exemple, ne dites pas que c'est le pasteur de la *Light Church* quand c'est le pasteur de la *Lighthouse Chapel International*. Il y a une grande différence entre les deux !

10. Donnez au ministre en visite assez de temps pour servir.

Par exemple, ne donnez pas au ministre invité 10 minutes pour servir, quand il a parcouru de longues distances pour être avec vous.

La main de Dieu

Un jour, je me rendis dans un pays lointain pour servir. J'avais été invité par cet homme de Dieu pour parler lors d'une convention. Le service devait se terminer à environ 20h et je devais commencer à prêcher à environ 19 heures.

À ma grande surprise, au lieu que mon hôte me présente et me donne le micro, il commença un enseignement sur « la main de Dieu ».

En effet, ce fut bien une nuit de révélation par son enseignement sur ce qu'était la main de Dieu.

Il donna plusieurs exemples de la main de Dieu à l'œuvre dans l'Ancien Testament. Puis il donna des exemples de la main de Dieu dans le Nouveau Testament. Il expliqua ensuite comment la main de Dieu pouvait changer votre vie.

Puis il enseigna où l'on pouvait trouver la main de Dieu aujourd'hui !

Je suis resté assis près d'une heure à écouter ce merveilleux message. Mais je ne pouvais pas m'empêcher de me demander pourquoi j'étais venu du Ghana pour cela. Cet homme savait exactement ce qu'il voulait enseigner à son peuple et pour le moins, je me sentais stupide assis là.

Puis à la fin de son message, j'ai cru qu'il allait me passer le micro pour que je prêche le deuxième message de la journée. Mais ce n'était pas encore mon tour, car il annonça que la main de Dieu avait commencé à se déplacer là dans la congrégation.

Soudain, la main de Dieu commença à se déplacer dans la congrégation et les gens se mirent à crier et à tomber sous sa puissance. Il exerça son ministère envers le peuple avec puissance pendant vingt minutes de plus.

Quand il eut terminé, il n'y avait presque personne debout dans la congrégation. Ce fut vraiment une nuit de puissance et de la main de Dieu.

Enfin, après le temps de fermeture, il annonça que j'étais venu du Ghana pour servir aussi (il y avait des gens allongés partout en avant de l'église). Qu'étais-je censé faire maintenant ?

J'étais vraiment surpris de voir que j'étais appelé à prendre la parole après que le service ait clairement pris fin, avec la manifestation de la puissance de Dieu et des gens allongés partout en avant.

Tout le monde dans mon entourage était perplexe. Je n'ai jamais oublié cet étrange comportement de mon hôte. C'était évident qu'il ne voulait pas vraiment que je vienne.

11. **Présentez votre ministre invité avec enthousiasme. Que l'église accueille le visiteur avec grand respect et attente dans leur cœur.**

12. **Passez en revue et expliquez précisément à votre ministre invité toute fonction ou tout ce que vous attendez de lui.**

Par exemple, si vous voulez qu'il collecte des fonds, qu'il fasse des appels d'autel, qu'il ordonne des pasteurs, etc., discutez-en avec lui en détail avant son arrivée. Ne surprenez pas votre invité avec des cérémonies inhabituelles dans lesquelles il ne se sentira peut être pas à l'aise. Ne le mettez pas dans l'embarras et ne le faites pas se sentir stupide ou inadéquat.

13. **Après la prédication et le ministère, le ministre en visite doit recevoir quelques rafraîchissements, puis être poliment accompagné vers la sortie.**

14. **Assurez-vous que l'on serve à votre ministre en visite de la bonne nourriture qu'il puisse manger pendant son séjour avec vous.**

Ragoût de flamant rose

Un jour, j'étais invité à servir dans une grande église. On nous a mit dans un hôtel qui avait très peu de ventilation. Quand l'heure du souper arriva, l'hôtel ne put nous servir à manger, alors l'hôte envoya des gens nous apporter à manger.

Nous nous sommes assis autour de la table, et on nous servit du « poulet ». Mais je n'étais pas sûr si c'était du poulet, parce que les cuisses du poulet étaient très longues et je n'avais jamais vu de cuisse de poulet aussi longue.

Honnêtement, je ne savais pas vraiment quel oiseau on m'avait donné à manger. C'était peut-être du flamant rose, peut-être de l'aigle ou peut-être simplement un oiseau de la région. Ce n'était pas la première fois qu'on m'avait donné un oiseau de la région à manger. Lors d'un autre voyage de ministère, on m'avait donné un oiseau qui avait une couleur totalement différente de ce dont j'avais l'habitude de voir.

Et à une autre occasion, on me servit un oiseau si petit que je pouvais le mettre dans le creux de ma main.

Les gens choisissent sans cesse de vous donner l'oiseau le plus facile à capturer dans la région. Tout le monde appelle les oiseaux dans leur région des « poulets ». Mais l'expérience vous apprendra que tous les oiseaux ne sont pas des poulets.

Essayez de donner à vos invités des aliments qu'ils peuvent manger et des « poulets » qu'ils apprécieront vraiment.

15. Les conditions de la visite de votre ministre invité devraient être clairement définies avant son arrivée et son acceptation de servir.

De même aussi, le Seigneur a ordonné à ceux qui prêchent l'évangile, de vivre de l'évangile.

1 Corinthiens 9 : 14

Les honoraires et toutes les dépenses peuvent être discutés dans de nombreux cas avant que le ministre n'accepte l'invitation. Cela comprend les finances, le transport et l'hébergement. On doit donner au ministre la possibilité de décider s'il viendra en dépit des conditions que vous lui offrez.

Ceci est particulièrement important si le ministre vient de loin. Vous pouvez assumer à tort que le ministre en visite n'a à payer que les frais de son billet d'avion.

Mais vous ne savez peut-être pas qu'il a dû, par exemple, louer une voiture pour se rendre à l'aéroport à 300 km et passer la nuit dans un hôtel pour pouvoir prendre l'avion le lendemain matin. Tous ces éléments sont des frais cachés qui doivent être examinés. Il est très triste pour un ministre de parcourir de nombreux kilomètres, servir de tout son cœur, pour rentrer plus pauvre et endetté.

L'invitation par téléphone

Un jour, j'ai reçus un appel téléphonique d'un homme de Dieu qui m'invitait dans son église. Il dit qu'il serait très honoré si je venais servir dans son église.

Puis il me demanda : « Y a-t-il des conditions à votre venue ? »

Je lui répondis : « Si vous pouvez payer mon billet et mon hôtel, cela devrait aller ».

Il était content et promit de le faire. Je pris plusieurs avions et finis par atterrir dans ce pays.

La première surprise était qu'on nous a conduit dans un hôtel différent de celui où il nous avait dit que nous serions hébergés. J'ai vite vérifié les notes de mon secrétaire, et j'ai demandé pourquoi nous étions conduits dans un endroit très différent. Ils marmonnaient des excuses et nous ont conduits là où ils nous avaient promis à l'origine. J'ai apprécié ma visite là-bas et j'y ai exercé mon ministère avec puissance.

Enfin, à mon départ, je m'attendais à recevoir de l'argent pour mon billet. Pas de chance !

Il n'a pas payé mon billet !

Il ne m'a pas donné d'honoraires ! Qu'était-il arrivé ? J'avais entrepris ce voyage entièrement à mes propres frais, sans en avoir l'intention.

Si vous faites cela à des ministres en visite, vous aurez bientôt une mauvaise réputation et personne ne viendra plus chez vous.

Les sept étapes de bons honoraires

Et comme vous voulez que les hommes vous fassent, faites-leur aussi de même.

Luc 6 : 31

1. De bons honoraires devraient couvrir toutes les dépenses du ministre en visite.

   Le montant des honoraires doit aussi bénir et encourager le ministre financièrement. De bons honoraires doivent être jugés par ce que vous aimeriez recevoir si vous étiez l'invité.

2. Le rang d'un ministre en visite détermine également ce que sont de bons honoraires.

   Si la personne est un ministre principal, les honoraires doivent correspondre à son rang.

3. De bons honoraires dépendent du nombre de jours où le ministre servira.

4. De bons honoraires sont aussi déterminés par l'impact du ministère du ministre en visite.

5. Les honoraires ne devraient pas être remis publiquement au ministre. Ne rendez pas le ministre invité mal à l'aise quand il reçoit votre enveloppe à la vue de tous. Les honoraires devraient être remis en privé à votre invité et par la personne compétente.

6. Le ministre en visite peut signer un récépissé ou un reçu pour les honoraires (pour les comptes).

7. Les honoraires devraient être préparés avec une lettre d'accompagnement avant la réunion.

Ceci est pour éviter de très longs délais de paiement des honoraires. Certaines églises oublient même complètement de payer les honoraires. Il est souvent plus difficile de payer les honoraires longtemps après le départ du ministre qu'immédiatement après le programme.

SECTION 9

CROISSANCE DE L'ÉGLISE ET GETHSÉMANÉ

Chapitre 23

Comment la croissance de l'église est affectée par Gethsémané

Et Il sortit, et s'en alla, comme il était ACCOUTUMÉ, au mont des Oliviers ; et ses DISCIPLES AUSSI LE SUIVIRENT.

Et quand Il fut arrivé au lieu, Il leur dit : « Priez, afin que vous n'entriez pas en tentation ».

Et IL S'ÉLOIGNA d'eux d'environ un jet de pierre, et s'agenouilla, et pria, « disant : Père, si tu voulais bien, retire cette coupe de moi, TOUTEFOIS, NON PAS MA VOLONTÉ, MAIS QUE LA TIENNE SOIT FAITE ».

Et un ange Lui apparut du ciel, LE FORTIFIANT.

Et étant en agonie, Il priait plus intensément ; et Sa sueur était comme de grosses gouttes de sang coulant sur le sol.

Et quand Il se releva de sa prière, Il vint vers ses disciples, il les trouva endormis de tristesse, et Il leur dit : « Pourquoi dormez-vous ? Levez-vous et priez, afin que vous n'entriez pas en tentation ».

Luc 22 : 39-46

Les principes de Gethsémané

1. **Gethsémané nous enseigne que les tournants dans votre vie et dans votre ministère sont déterminés par les temps privés et personnels que vous passez avec le Seigneur.**

Le tournant dans le ministère de Jésus s'est produit au jardin de Gethsémané. Gethsémané est le lieu où Jésus a reçu la force d'accomplir la volonté de Dieu. Le tournant pour votre église arrivera quand vous attendrez le Seigneur dans la prière. Le tournant qui produira la croissance dans votre église aura lieu dans votre jardin de Gethsémané.

2. **Gethsémané nous donne le meilleur exemple d'espérer en le Seigneur.** Le Seigneur ne se sert pas d'une personne à moins qu'elle n'ait eu une relation réciproque profonde et personnelle avec Lui.

Moïse a rencontré le Seigneur près du buisson ardent. C'est cette rencontre personnelle privée près du buisson ardent qui le propulsa dans son ministère à travers le monde. Ce sera votre expérience personnelle privée près de votre buisson ardent qui vous propulsera vers la croissance de l'église que vous désirez.

La rencontre de Jacob avec le Seigneur a donné naissance à son ministère de la création d'Israël, la nation de Dieu.

3. **Gethsémané nous enseigne que vous devez avoir un lieu où vous rendrez souvent pour espérer en le Seigneur dans la prière.** Visiter régulièrement Gethsémané doit faire partie de votre routine. Selon l'Écriture le Seigneur avait l'habitude de visiter ce jardin sur le mont des Oliviers.

Et Il sortit, et s'en alla, comme il était ACCOUTUMÉ, au mont des Oliviers ; et ses disciples aussi le suivirent.

Luc 22 : 39

4. **Gethsémané nous enseigne l'importance de vous éloigner de votre environnement habituel et de vous retirer dans des endroits où vous pouvez profiter de la nature.** La nature tend à vous détendre, et la voix de Dieu vous touchera mieux quand votre esprit et votre cœur seront détendus. La nature elle-même a de nombreux messages contenus en elle-même.

5. **Gethsémané nous enseigne l'importance des relations fraternelles avec vos plus anciens amis et vos associés.** Gethsémané est un endroit où, en compagnie des personnes les plus importantes de votre ministère, vous pouvez avoir d'importantes discussions qui transformeront votre vie.

6. **Gethsémané nous enseigne l'importance d'être seul avec Dieu.** Gethsémané est un endroit où vous pouvez recevoir du Seigneur des révélations qui transformeront votre vie. Les disciples ont reçu des enseignements sur la prière qui ont transformé leur vie. Sans révélation, vous ne serez pas différent des gens que vous conduisez.

7. **Gethsémané nous enseigne l'importance de prier « Que ta volonté soit faite » pendant plusieurs heures.** Certaines personnes ne croient pas dans la répétition des prières. Mais si nous voulons suivre l'exemple de Jésus, nous passerons des heures à prier. Nous prierons « Que ta volonté soit faite » pendant des heures et des heures.

Chapitre 24

L'art d'espérer en Dieu

Pour qui le malheur ? Pour qui la tristesse ? Pour qui les contestations, pour qui la plainte, pour qui les blessures sans cause ? Pour qui la rougeur des yeux ? POUR CEUX QUI S'ATTARDENT auprès du vin [...]

Proverbes 23 : 29-30

Le vin change ceux qui s'attardent longtemps auprès de lui. Nous sommes aussi affectés quand nous restons de plus en plus longtemps en Sa présence. Plus vous vous attardez auprès du vin, plus vous éprouvez de plus forts effets du vin. Quand vous vous attardez longtemps auprès du vin, vous commencez à bafouiller de manière incontrôlée et à agir de façon étrange.

Quand vous restez plus longtemps près du vin, vos yeux deviennent rouges et vous commencez à voir les choses différemment. Gethsémani nous enseigne que plus nous restons en présence de Dieu, plus nous sommes imprégnés et touchés par Lui.

Tout comme les gens apprennent à rester de plus en plus longtemps au bar, vous devez apprendre à rester plus longtemps en Sa présence. Plus vous restez en Sa présence, plus vous ferez l'expérience de l'effet de la présence de Dieu.

1. Développez l'art d'espérer en Dieu tout seul.

Et il arriva en ces jours-là, qu'IL ALLA SUR UNE MONTAGNE pour prier ; et il passa toute la nuit à prier Dieu.

Luc 6 : 12

Jésus alla dans la montagne pour prier. Après ce temps de prière, Il choisit ses disciples. Il y a des moments où vous devez prier avec d'autres, mais il y a des fois où vous devez espérer en le Seigneur tout seul. Si vous ne pouvez pas passer de longues périodes en prière tout seul, il y a quelque chose en vous qui ne va pas.

Rappelez-vous qu'un ministre est un ambassadeur du Seigneur. Vous êtes un représentant de Jésus Christ qui est censé parler de Dieu aux autres. Si vous n'avez jamais passé de temps avec Lui, que saurez-vous de Lui et qu'allez-vous partager ?

L'apôtre Jean décrit son ministère comme le partage et la prédication de ce qu'il avait vu, connu et touché. « Ce qui était dès le commencement, ce que nous avons entendu, ce que nous avons vu de nos yeux, ce que nous avons contemplé et que nos mains ont touché, concernant la parole de vie, […] ce que nous avons vu et entendu, nous vous l'annonçons, à vous aussi, afin que vous aussi vous soyez en communion avec nous. Or, notre communion est avec le Père et avec son Fils Jésus-Christ » (1 Jean 1 : 1,3).

2. *Développez l'art d'espérer en Dieu avec un groupe de collègues ministres.*

Que les prêtres, les ministres du SEIGNEUR pleurent entre le porche et l'autel […]

Joël 2 : 17

Jésus est toujours présent d'une façon particulière lorsque nous nous réunissons pour espérer en Lui. Le Nouveau Testament nous montre comment les prophètes et les enseignants servaient le Seigneur et jeûnaient.

Le Seigneur parlera quand Ses ministres se réuniront pour espérer en Lui. « Or il y avait dans l'église qui était à Antioche certains prophètes et enseignants, tels Barnabas, et Siméon qui était appelé Niger, Lucius de Cyrène, et Manahem, qui avait été élevé avec Hérode le tétrarque, et Saul.

Et tandis qu'ils servaient le Seigneur, et jeûnaient, l'Esprit Saint dit : Séparez-moi Barnabas et Saul pour l'œuvre à laquelle je les ai appelés » (Actes 13 : 1-2).

3. *Développez l'art espérer en Lui avec la congrégation.*

Sonnez de la trompette en Sion, sanctifiez un jeûne, convoquez une assemblée solennelle. Assemblez le peuple, sanctifiez la congrégation, réunissez les anciens, assemblez les enfants et ceux qui tètent le sein ; que l'époux sorte de sa chambre, et l'épouse de son appartement.

Joël 2 : 15-16

Tout au long de la Bible, les prophètes appellent le peuple à se rassembler pour attendre Sa délivrance. C'est un modèle important que nous devons suivre. Si vous voulez la croissance de l'église, vous devez développer la pratique d'appeler l'église à se rassembler pour le jeûne et pour de longues heures de prière.

4. *Développez l'art d'espérer en Dieu en notant l'heure.*

[…] et Il dit à Pierre : Quoi, ne pouviez-vous pas veiller une heure avec moi ?

Matthieu 26 : 40

Noter le temps au début de votre séance de prière. Décidez combien de temps vous allez prier avant de commencer. Quand vous faites cela, vous serez obligé de passer une période de temps décente dans la prière. Jésus ne fut pas impressionné quand Pierre ne put pas prier une heure. Il est le même hier, aujourd'hui et éternellement. Il n'est pas non plus impressionné quand vous ne pouvez pas prier une heure.

Si vous ne notez pas l'heure, vous penserez que vous avez prié plus que vous ne l'avez fait en réalité. Vous vous direz : « Oh, je dois avoir prié deux heures », quand vous avez seulement prié dix minutes.

À moins d'être expérimenté dans la prière, vous jugerez mal la durée du temps que vous avez prié. Maintenant, je peux dire quand j'ai prié une heure. Au début, je priais dix minutes et je pensais que j'avais prié une heure. C'est pourquoi vous avez besoin d'une horloge quand vous allez espérer en Le Seigneur.

5. *Développez l'art d'espérer en Dieu dans une ambiance d'église.*

[...] Mais maintenant, amenez-moi un ménestrel. Et il arriva, comme le ménestrel jouait, LA MAIN DU SEIGNEUR VINT sur lui.

2 Rois 3 : 15

Une ambiance d'église est créée par le son de la prédication et de la musique de culte. Faire jouer des DVD de services religieux crée aussi une ambiance d'église.

Priez avec de la prédication ou de la musique en arrière-fond. *La vitesse de la prédication / musique est cent fois plus grande que la vitesse du silence.* Cela veut dire que le temps s'écoule cent fois plus vite quand il y a une sorte de prédication ou de musique de fond.

Avez-vous été présent quand on demande aux gens d'observer une minute de silence ? Avez-vous remarqué la longueur de la période de silence ? Saviez-vous qu'ils ne passent jamais vraiment une *minute entière* de silence ? Une minute de silence est si longue et désagréable que les gens passent rarement une minute entière en silence.

C'est en raison du principe que je viens de vous partager : *la vitesse de la prédication / musique est cent fois plus grande que la vitesse du silence.*

Quand vous priez avec le son de la prédication ou de la musique en arrière-plan, le temps passe beaucoup plus vite ! Avant que vous ne vous en rendiez compte, vous aurez passé plusieurs heures de prière avec le Seigneur !

Le son de la prédication de la Parole de Dieu crée la meilleure ambiance pour les choses spirituelles. Mon cher ami, nous sommes constamment bombardés d'ambiance impie venant de la télévision et de la radio. Ce genre d'ambiance empêche en fait la prière. Vous avez besoin de quelque chose qui va vous maintenir dans un état d'esprit de prière au moins pour une heure. La musique religieuse crée un environnement de culte magnifique.

J'ai toujours de la musique ou de la prédication en arrière-fond quand je prie.

Mon cher ami, l'ambiance même de notre monde est chargée d'entités démoniaques. Le prince de la puissance de l'air pollue l'air que nous respirons. Il est difficile de prier dans un tel environnement. C'est la raison pour laquelle beaucoup de chrétiens ne prient pas pendant de longues heures. Ils essaient de prier dans une ambiance dure et difficile.

Mais il y a une bonne nouvelle : Vous pouvez avoir votre propre petit service d'église où que vous soyez ! L'Esprit du Seigneur peut venir sur vous dans votre voiture. Investissez dans tout ce qui peut être nécessaire pour créer la correcte ambiance de prière.

L'Esprit du Seigneur viendra sur vous quand vous serez dans l'environnement oint des ménestrels et des prédicateurs.

6. *Développez l'art d'espérer en Dieu en priant en langues, tout en lisant la Bible et d'autres livres sur le ministère.*

Car, si je prie dans une langue inconnue, mon esprit prie, mais mon intelligence est sans fruit.

1 Corinthiens 14 : 14

Parce que je prie en langues pendant de longues périodes, mon esprit est sans fruit et libre pour la lecture. Je ne cesse de lire quand je passe des heures en prière. Mon esprit prie le Seigneur pendant que mon esprit se concentre sur la Bible que je lis. Cela m'aide à prier encore plus longtemps.

Quand vous priez en langues pendant des heures, votre esprit va être édifié et rechargé.

7. *Développez l'art d'espérer en Dieu en priant avec des objectifs.*

Et il arriva en ces jours-là, qu'il alla sur une montagne pour prier ; et il passa TOUTE LA NUIT À PRIER Dieu.

Luc 6 : 12

Fixez-vous des objectifs pour la prière. Vous pouvez vous fixer un objectif de prière en fixant vous-même un certain nombre d'heures de prière. Par exemple, vous pouvez décider de prier dix heures, vingt heures, quarante heures ou cinquante heures. Avec un objectif de cinquante heures, vous êtes susceptibles d'avoir besoin d'environ six jours de prière. Parfois, fixer l'objectif en termes d'heures est mieux que de fixer le nombre de jours où vous voulez espérer en le Seigneur.

J'ai toujours pensé qu'à moins de passer beaucoup de temps en prière, je n'accomplirais pas grand chose. Toutes les prières que j'ai apprises de Jésus étaient des prières de plusieurs heures.

Jésus a passé *quarante jours* dans le désert.

Jésus a prié *toute la nuit* sur la montagne avant de choisir ses disciples. Jésus a prié longtemps avant le lever du jour.

Jésus a prié *trois heures* dans le jardin de Gethsémané.

Ces exemples doivent être un guide pour votre vie de prière. Ils vous feront passer de nombreuses heures de votre vie en prière.

Si vous croyez dans ces exemples de la vie et du ministère de Jésus, vous ne serez jamais satisfait avec des prières de cinq ou dix minutes. Vous désirerez prier de longues périodes de temps.

8. *Développez l'art d'espérer en Dieu en priant et en observant un jeûne absolu.*

Le jeûne absolu, c'est quand vous ne mangez rien du tout. Le jeûne absolu est un exercice important qui vous rend plus spirituel et vous fait vous concentrer sur Dieu. Pour ceux qui mangent beaucoup et passent beaucoup de temps à manger, le jeûne constitue une rupture nécessaire d'une forte distraction charnelle.

9.	*Développez l'art d'espérer en Dieu en priant et en jeûnant sans « pain agréable » (au lieu de ne pas prier et de ne pas manger du tout).*

En ces jours-là, moi Daniel, je menai deuil TROIS SEMAINES ENTIÈRES. Je ne mangeai PAS DE PAIN AGRÉABLE, aucune viande, ni vin n'entrèrent dans ma bouche et je ne m'oignis pas du tout, jusqu'à ce que les trois semaines soient accomplies.

Daniel 10 : 2-3

Daniel jeûna pendant vingt et un jours. Lors de ce jeûne, Daniel mangeait, mais il mangeait ce qu'il décrit comme « pas de pain agréable ». En d'autres termes, il s'abstenait de ce qu'il aurait vraiment aimé manger.

S'abstenir de ses repas et plaisirs habituels est une forme de jeûne. C'est ce qu'on appelle jeûner sans « pain agréable ». Il est préférable de prier et de manger un peu au lieu d'observer un jeûne absolu sans prier.

Beaucoup de gens observent des jeûnes absolus sans prier. Très souvent, le jeûne absolu empêche en fait les gens de prier. À la fin de leur temps de jeûne, de nombreux chrétiens ont à peine parlé au Seigneur. Ils utilisent toute leur énergie pour survivre au jeûne absolu et tenir le coup jusqu'à 18 heures où ils peuvent manger.

Pourquoi est-ce que je dis qu'il est préférable de prier et de manger plutôt que jeûner absolument sans prier ? Parce que toutes les promesses que Jésus nous a faites ont rapport à la prière et pas au jeûne. *Jésus Christ a promis de répondre aux prières.* Jésus n'a jamais promis de répondre au jeûne. Comprenez bien ce que je dis ! Le jeûne est important pour chaque chrétien. N'utilisez pas cela comme une raison de ne pas jeûner.

Regardez la Parole de Dieu. Les promesses de récompense sont-elles pour nos prières ou pour nos jeûnes ?

Considérez seulement sept des promesses que Jésus a faites aux gens qui prieraient. Ces promesses sont les paroles de Jésus Christ Lui-même. A-t-Il promis de répondre au jeûne ou a-t-Il promis de répondre à la prière ?

En fait, si je devais choisir entre le jeûne et la prière, je choisirais la prière, parce que Jésus a promis de répondre à la prière !

1. Et quoi que vous demandiez en mon nom, je le ferai, afin que le Père puisse être glorifié dans le Fils. Si vous demandez quelque chose en mon nom, je le ferai.

    Jean 14 : 13-14

2. Vous ne m'avez pas choisi, mais moi je vous ai choisis, et vous ai établis, pour que vous alliez, et que vous portiez du fruit, et que votre fruit puisse demeurer, afin que tout ce que vous demanderez au Père en mon nom, il puisse vous le donner.

    Jean 15 : 16

3. Si vous demeurez en moi, et que mes paroles demeurent en vous, vous demanderez ce que vous voudrez, et cela vous sera fait.

    Jean 15 : 7

4. Et en ce jour-là vous ne me demanderez rien. En vérité, en vérité, je vous dis quoi que ce soit que vous demanderez au Père en mon nom, il vous le donnera. Jusqu'à présent vous n'avez rien demandé en mon nom, demandez, et vous recevrez, afin que votre joie puisse être complète.

    Jean 16 : 23-24

5. C'est pourquoi je vous dis : Tout ce que vous demanderez en priant, croyez que vous le recevez ; et vous le recevrez.

    Marc 11 : 24

6. Et je vous dis : Demandez, et il vous sera donné ; cherchez, et vous trouverez ; frappez, et il vous sera ouvert. Car quiconque demande, reçoit, et celui qui cherche, trouve ; et à celui qui frappe il sera ouvert.

Luc 11 : 9-10

7. Mais toi, quand tu pries, entre dans ta chambre, et ayant fermé ta porte, prie ton Père qui est dans le secret ; et ton Père qui voit dans le secret te le rendra publiquement.

Matthieu 6 : 6

Section 10

CROISSANCE DE L'ÉGLISE PAR UN GROUPE D'ÉGLISES FILIALES

Chapitre 25

Croissance de l'église par un groupe uni d'églises filiales G.U.E.F.

Un groupe uni d'églises filiales (GUEF)

Traditionnellement, on obtient une croissance de l'église par l'agrandissement d'une seule église jusqu'à ce qu'elle compte des milliers et des milliers de personnes. Cependant, il y a un autre moyen de parvenir à la croissance de l'église dans notre monde moderne et complexe.

Grâce à un réseau de plusieurs églises dans différents endroits, vous pouvez obtenir les mêmes chiffres que vous pourriez avoir avec une seule église énorme.

Vous pouvez obtenir une croissance de l'église en mettant en place un groupe uni d'églises filiales (GUEF) qui sont reliées et considérées comme une grande famille. Ce groupe uni d'églises serait la même église, mais dans des endroits différents. Ce groupe de branches d'églises fonctionnera comme une seule entité avec une équipe de leaders et de pasteurs qui dirigent l'église dans des endroits différents.

Ce groupe d'églises fonctionnera aussi comme une seule entité financière avec des revenus venant d'emplacements différents. Les capacités financières de ce groupe uni d'églises filiales seront beaucoup plus grandes que celles d'une seule église.

Les branches d'églises de mission indépendantes (BEMI)

Ce groupe uni d'églises est par contre différent des missions indépendantes envoyées par l'église. Les branches d'églises indépendantes ne sont pas la même chose qu'« une église dans différents endroits ». Ce sont des églises « différentes » dans des endroits différents.

Ces branches d'églises de mission indépendantes ont des leaders et des systèmes financiers indépendants.

Ils ne dépendent en rien les uns des autres.

Les églises de mission indépendantes peuvent remettre un pourcentage de leurs revenus au siège principal.

Les pasteurs de ces églises ont leurs propres visions et rêves de ce qu'ils veulent faire.

Les pasteurs de ces églises de mission indépendantes n'ont pas de lien étroit avec une église mère.

Les avantages d'avoir un groupe uni d'églises filiales (GUEF)

1. L'histoire montre que les groupes unis d'églises filiales sont très souvent les congrégations les plus stables et les mieux établies de partout. On appelle parfois ces réseaux d'églises des dénominations. Il existe aujourd'hui plusieurs réseaux d'églises bien connus dans le monde.

   Un groupe uni d'églises peut être la manière dont Dieu veut faire grandir votre église.

2. L'appartenance à un réseau d'églises élimine parfois l'instabilité qui caractérise les jeunes églises indépendantes. La stagnation institutionnelle dans une dénomination peut être un moindre mal par rapport aux avantages qui viennent de l'appartenance à un groupe d'églises reliées entre elles.

3. Dans un réseau d'églises filiales, il y a des principes testés et approuvés qui sont transmis aux églises sœurs.

4. Dans un groupe uni d'églises, la bonne réputation sert de publicité et attire les gens vers l'église. Ce nom devient comme une franchise et sert de puissant atout. La réputation d'un réseau d'églises a aussi une signification spirituelle.

5. Dans un réseau d'églises, les membres qualifiés bénéficient d'un système établi et respecté de formation pastorale.

6. Les membres d'un réseau d'églises bénéficient financièrement les uns des autres. Vous ne pouvez sans doute pas obtenir de soutien financier à l'extérieur de votre réseau. Grâce à un système d'interdépendance fraternelle, les églises peuvent accomplir beaucoup de choses.

7. Les membres de l'église circulent facilement entre les églises appartenant à un groupe uni d'églises filiales. Le réseau des églises est capable de garder les membres au sein du troupeau. Cela améliore la croissance de l'église.

8. Dans un réseau d'églises, les églises bénéficient facilement des ministres principaux oints de ce réseau.

9. Les pasteurs d'églises en réseau peuvent recevoir des conseils paternels et des encouragements des pasteurs principaux. Les pasteurs des églises indépendantes soupçonnent et se méfient généralement des ministres de l'extérieur qui se font passer pour pères. Il y a peu de confiance parce que les églises indépendantes sont souvent en concurrence au lieu de se soutenir mutuellement.

10. Les églises en réseau fonctionnent sous un chapeau spirituel particulier. La même onction circule dans tout le réseau, puisqu'il s'agit en fait d'une seule église.

Principes pour faire marcher un groupe uni d'églises filiales (GUEF)

1. **Il est important de faire la distinction entre les églises branches de mission indépendantes (EBMI - IMBC) et un groupe uni d'églises filiales (GUEF - UGBC) avant de commencer de se ramifier.**

Il est important de définir et de décrire exactement ce que vous envisagez dès le départ. Si vous ne parvenez pas à définir ces choses dès le début, il y aura beaucoup de confusion et de rébellion.

Vous devez très clairement préciser les points suivants avant de commencer un groupe uni d'églises filiales (GUEF - UGBC) :

a) Les églises filiales ne sont pas indépendantes, et elles seront continuellement surveillées et régies par l'église mère.

b) Les finances de l'église mère commenceront l'église et la soutiendront pleinement.

c) Les revenus iront dans un fonds central et les ministres seront payés de ce fonds central.

d) Le groupe uni d'églises filiales répondra à tous les besoins des églises filiales et de l'église mère.

2. **Faites comprendre aux pasteurs et aux paroisses que c'est la même église, mais dans des endroits différents. Cela veut dire que les membres de la congrégation sont libres d'aller d'un endroit à un autre.**

3. **Mettez en place une administration qui surveille la participation et les contributions de chaque membre du groupe d'églises.**

Gérez les finances de toutes les églises de façon centralisée ; payez les dépenses et les factures de façon centralisée, de sorte que ceux qui ont plus ne gaspillent rien, et que ceux qui ont moins ne souffrent pas. « Selon qu'il est écrit : Celui qui recueillait beaucoup n'avait pas trop, et celui qui recueillait peu, ne manquait de rien » (2 Corinthiens 8 : 15).

Cela ne veut pas dire que tout l'argent doit physiquement se déplacer d'un lieu à un autre. L'argent n'a pas à se déplacer, mais les décisions concernant les fonds doivent être prises de manière centralisée.

Une bonne administration de l'église gérera les églises qui ont été créées. Pour être un bon administrateur, vous devez avoir une bonne connaissance des questions civiles.

L'administration de l'église exige un mélange de puissance de Dieu et de sagesse de Dieu. Sans une bonne administration de l'église, tout ce que vous édifiez finira par s'effondrer. Vous devez avoir une bonne maîtrise de l'administration de l'église, autrement votre ministère sera pareil à une fusée qui retombe peu après le décollage.

Mais pour ceux qui sont appelés, tant Juifs que Grecs, Christ la puissance de Dieu et la sagesse de Dieu.

1 Corinthiens 1 : 24

4. **Entretenez la formation des leaders du groupe uni des églises filiales (GUEF).**

Les églises et filiales seront bien établies par l'enseignement et la formation permanente des pasteurs, et en obligeant ces derniers à venir à certaines réunions et à répondre à certaines normes.

5. **Faites que l'église fonctionne comme un grand corps (GUEF).**

L'église en différents endroits partagera ses finances. Cela veut dire que l'argent d'une église appartient à toutes les autres églises.

6. **Faites que l'église fonctionne comme un grand corps dans des endroits différents avec un leadership partagé.**

Le leadership partagé signifie que les pasteurs peuvent être transférés d'un endroit à un autre sans rien déstabiliser.

7. **Ne permettez pas aux pasteurs ou aux églises filiales de développer des visions individualisées.**

Leur vision doit être la vision du groupe d'églises GUEF dans des endroits différents.

8. **Étudiez la loyauté et enseignez beaucoup la loyauté.**

Luttez contre les pasteurs à l'esprit indépendant qui veulent se séparer et faire quelque chose par eux-mêmes. Ces gens à l'esprit indépendant détruisent le concept de groupe uni de filiales (GUEF).

La loyauté est essentielle pour maintenir un réseau d'églises. Les églises que vous implantées ne seront pas au même endroit. Il est donc nécessaire d'enseigner aux gens à être loyaux où qu'ils se trouvent.

Un jour, j'ai entendu parler de quelqu'un qui me critiquait parce que j'enseignais la loyauté.

Il disait : « Pourquoi enseigner la loyauté et la déloyauté ? »

Il poursuivit en disant que ce n'était pas nécessaire d'enseigner la loyauté, parce que votre bon leadership inspirera les gens à être loyaux.

Je n'étais pas surpris que ce cher critique n'ait jamais implanté une seule filiale. C'est incroyable de voir comment les gens critiquent quelque chose qu'ils n'ont jamais fait avant.

À une autre occasion, un pasteur ami me critiqua parce que j'enseignais la loyauté. Cependant, quand son église se divisa, il devint un lecteur assidu de mes livres et a même fait la promotion de mes livres à d'autres ministres.

La loyauté est le sujet qui doit être enseigné jusqu'à ce que la culture de la fidélité et de la loyauté soit établie dans le GUEF – UGBC.

9. **Soyez loyal envers les pasteurs et les filiales, afin qu'elles n'aient aucune raison valable ou acceptable de se séparer de vous.**

10. **Manifestez de l'intérêt et développez les églises filiales, pour que votre négligence à leur égard ne devienne pas la raison pour laquelle elles se détachent et se séparent.**

11. **Encouragez les mêmes enseignements et livres dans l'ensemble du groupe d'églises.**

Organisez des programmes spéciaux dans les différentes églises filiales pour les affermir.

12. **Faites que l'ensemble du groupe d'églises soient connectées entre elles grâce à l'internet.**

13. **Faites que l'ensemble du groupe d'églises soient connectées entre elles en ayant le même équipement dans toutes les églises, les mêmes paniers d'offrandes, banderoles, enseignes.**

Lois pour gérer un groupe uni d'églises filiales (GUEF)

Gérer un réseau d'églises n'est pas la même chose que servir une église unique. Servir un réseau d'églises nécessite le développement d'un système complexe de gestion. Les lois pour gérer 'un réseau complexe d'églises sont les suivantes :

1. **Savoir** : Savoir ce qui se passe dans les différentes églises.

   Ceci se fait en développant un système dans lequel les rapports sont régulièrement envoyés à l'église mère. Les rapports hebdomadaires ou mensuels doivent contenir des informations vitales sur les églises que vous avez établies. Ils devraient inclure :

   i. la participation réelle

   ii. ce qui est prêché et qui prêche

   iii. les revenus de l'église pour la semaine.

2. **Communiquer** : Communiquer régulièrement pour maintenir un esprit de loyauté et de solidarité dans la famille des églises.

   Les rapports doivent être envoyés à l'église mère par la méthode la plus pratique, par exemple e-mail, courrier, fax, messager ou à la main. On doit établir peu à peu un système bien contrôlé et surveillé.

   On doit utiliser les informations pour prendre des décisions au sujet des églises et des pasteurs.

3. **Influence** : Ayez de l'influence sur ce qui se passe dans les différentes églises.

   Ayez de l'influence sur ce qui se passe en organisant des réunions fréquentes avec tous les pasteurs et les leaders. Les réunions avec les leaders sont plus importantes que les réunions avec l'église elle-même.

4. **Encouragez** : Les églises qui font partie du réseau ont besoin de beaucoup d'encouragement.

   Les pasteurs et les églises bénéficient grandement de visites fréquentes par des ministres chevronnés.

5. **Enseigner** : pour maintenir un esprit de loyauté et de solidarité dans le réseau.

   Il est important d'enseigner sur les avantages de l'appartenance au réseau.

Section 11

CROISSANCE DE L'ÉGLISE ET ANAGKAZO

Chapitre 26

Anagkazo, *Biazo* et *Anaideia*

Les clés du progrès

[…] Va dans les chemins et le long des haies, et contrains [anagkazo]-les d'entrer, afin que ma maison soit remplie.

Luc 14 : 23

Que veut dire *Anagkazo* ?

*A**nagkazo*** veut simplement dire « ***contraindre*** ». Cela veut dire également *nécessiter*, *conduire* et *forcer* par tous les moyens comme la *force*, les *menaces*, la *persuasion* et les supplications.

Parfois, nous devons retourner au grec pour comprendre le sens original de certains mots bibliques. Voyez-vous, le Nouveau Testament a été traduit du grec et l'Ancien Testament de l'hébreu. *Anagkazo* est le mot grec qui se traduit par « contraindre ».

Il y a un autre mot grec très proche : « *Biazo* ».

Que veut dire *Biazo* ?

Biazo est un mot grec qui se trouve dans Matthieu 11 et qui veut dire « *utiliser la force* » ou « *entrer de force* ». Je trouve que c'est une qualité qui manque dans les milieux chrétiens. Nous sommes énergiques pour tout le reste, sauf pour l'œuvre de Dieu. Nous sommes énergiques pour nos emplois, nos copines, nos mariages et notre avenir. Mais quand il s'agit de l'œuvre de Dieu, nous devenons timides comme des souris !

Quand je vois les publicités à la télévision, je me rends compte qu'il y a des groupes de gens qui sont très confiants de ce qu'ils ont à offrir. Ils sont tellement confiants qu'ils chantent hardiment des chansons accrocheuses sur la bonne qualité de leur produit.

Les publicités sur l'alcool sont parmi les meilleures. Nous savons tous que la bière et l'alcool tuent et détruisent les jeunes. L'alcool a brisé plus de foyers, détruit plus de mariages, causé plus d'accidents de voiture et commencé plus de guerres et de combats que toute autre chose au monde. Pourtant, il est constamment annoncé et promu.

La bière est la cause de nombreux accidents, conduisant à la mort d'un nombre incalculable de personnes. Et pourtant il y a des personnes souriantes à la télévision, nous disant que c'est la « puissance » dont nous avons besoin. On nous force à avaler ces publicités. On nous force à croire des choses qui ne sont pas vraies.

Même si la bière est le diable en bouteille, on nous force à croire le contraire.

Quand je pense à l'énergie des gens qui veulent gagner de l'argent à tout prix, je me rends compte que les chrétiens ont une meilleure raison d'être énergique. Pourquoi donc est-ce que nous, les chrétiens, nous nous comportons comme des canards boiteux, des chiens sans crocs et des moineaux sans défense ?

Je crois que la révélation d'*anagkazo* et *biazo* peut changer cela. *Biazo* veut dire entrer de force. Si le christianisme va se répandre, nous devrons être beaucoup plus énergiques que nous le sommes.

Qu'il s'agisse de gagner de l'argent, de diffuser une fausse religion ou de vendre des produits mortels, le monde est énergique. C'est pourquoi j'enseigne aux chrétiens à être bibliquement énergique.

Que veut dire Anaideia ?

Un autre mot grec proche que je veux que nous étudions est le mot « *Anaideia* ». *Anaideia* est un mot grec utilisé une seule fois dans la Bible. Il veut dire « *être importun* ». Au chapitre onze de Luc, nous voyons un homme manifester de l'importunité dans sa relation avec Dieu.

Je vous dis, bien qu'il ne veuille se lever pour lui en donner parce qu'il est son ami, pourtant à cause de son importunité [*anaideia*] il se lèvera, et lui en donnera autant qu'il en a besoin.

Luc 11 : 8

En 1982, j'ai été admis à l'Université du Ghana, la première université de mon pays, le Ghana. J'entrai prudemment dans ce nouvel environnement en me demandant ce qui m'attendait. L'une des premières choses qui m'a frappé fut l'importunité des incroyants.

Les étudiants qui s'embrassent

Je me souviens de l'une des premières fois où je suis entré dans le Volta Hall, le foyer des filles. Quand je suis arrivé à l'escalier qui conduit au premier et second étage, il y avait un jeune homme et une jeune fille qui s'embrassaient durant une longue période de temps. Je sais que dans certains endroits, cela pourrait ne pas sembler étrange. Toutefois, cela me parut étrange.

Le couple se serrait l'un contre l'autre et se donnait un baiser intime comme nous passions à côté d'eux. Peu leur importait qui les voyait ! Cela ne les dérangeait pas ! Ils étaient sans scrupules, importuns ! Peut-être parce qu'ils se sentaient amoureux.

Quand nous sommes arrivés en haut de l'escalier, j'ai dit à mes amis : « Il semble que les gens ici n'ont pas honte de ce qu'ils font ».

Puis je demandai : « Pourquoi avons-nous honte de ce en quoi nous croyons ?

Pourquoi avons-nous honte de l'Évangile ?

Pourquoi sommes-nous timides comme des souris, comme des gens qui n'ont rien à offrir ? »

L'Esprit du Seigneur se leva en moi et je dis : « S'ils n'ont pas honte de leur vie immorale, je ne vais pas avoir honte de l'Évangile ».

Car je n'ai pas honte de l'évangile de Christ [...]

Romains 1 : 16

C'est étonnant de voir les homosexuels parler avec hardiesse de leur mode de vie anormal. Ils passent à la télévision et parlent en toute confiance de l'anomalie de la pénétration anale. Ces gens-là manifestent avec énergie pour leurs droits. Comment se fait-il que les chrétiens soient si silencieux quand il s'agit de proclamer la Parole de Dieu ?

Beaucoup de chrétiens sont assis dans leurs bureaux et permettent à leurs collègues non-croyants parler sans scrupules de leurs mauvaises actions. Les pécheurs autour de nous dominent les discussions avec des mots malsains.

L'apôtre Paul a pratiqué l'*anaideia*. Rappelez-vous, c'est Paul qui a dit : « Nous n'avons pas honte de l'Évangile ».

Beaucoup de chrétiens sont authentiques et ont un vrai message à transmettre. Mais pour qu'un message ait un impact, il doit être convaincant. Le message doit conduire l'auditeur à changer ! Le message du Seigneur Jésus Christ doit persuader les non sauvés de prendre une décision pour le Christ. Il est très important que nous comprenions le message d'*Anagkazo*, *biazo* et *anaideia*.

Chapitre 27

Pourquoi *Anagkazo* est important pour la croissance de l'église

Au chapitre quatorze de Luc, nous lisons une histoire familière, où Jésus parle d'une personne importante qui a organisé une fête pour ses amis. Je veux que vous lisiez tout ce passage de l'Écriture pour vous familiariser avec l'histoire.

> **Puis il lui dit : Un certain homme fit un grand souper, et y convia beaucoup de personnes ; Et il envoya son serviteur à l'heure du souper dire à ceux qui étaient conviés : Venez, car tout est prêt maintenant.**
>
> **Et ils commencèrent tous, d'un commun accord, à s'excuser. Le premier lui dit : J'ai acheté un morceau de terrain, et j'ai besoin d'aller le voir ; je te prie de m'excuser.**
>
> **Et un autre dit : J'ai acheté cinq couples de bœufs, et je m'en vais les essayer ; je te prie de m'excuser.**
>
> **Et un autre dit : J'ai épousé une femme, et c'est pourquoi je ne peux pas venir.**
>
> **Ainsi ce serviteur arriva, et rapporta ces choses à son seigneur. Alors le maître de la maison en colère dit à son serviteur : Va vite dans les rues et les ruelles de la ville, et amène ici les pauvres, les estropiés, les boiteux et les aveugles. Et le serviteur dit : Seigneur, on a fait ce que tu as commandé, et il y a encore de la place.**
>
> **Et le seigneur dit au serviteur : Va dans les chemins et le long des haies, et contrains [anagkazo]-les d'entrer, afin que ma maison soit remplie. Car je vous dis : Qu'aucun de ces hommes qui avaient été conviés ne goûtera de mon souper.**
>
> **Luc 14 : 16-24**

Cet homme fit l'expérience malheureuse de dépenser beaucoup d'argent pour une grande fête, en invitant des gens importants, seulement pour découvrir que la plupart d'entre eux ne voulaient pas venir. Cet homme fut très surpris qu'ils rejetaient son invitation. Il se mit en colère quand il entendit les excuses de ceux qu'il avait invités. Dans sa colère, il décida d'inviter tous ceux qu'il trouvait dans la rue.

Imaginez une fête avec des gens que vous ne connaissez même pas !

Malheureusement, à cette heure de la nuit, il n'y avait pas tellement de gens dehors. Même après avoir invité ceux qui étaient dans la rue, il y avait relativement peu de personnes à sa fête. Il décida ensuite d'inviter les malades, les aveugles et les handicapés. Imaginez un peu ! Quelle sélection originale de fêtards ! Sa fête était pleine de moins que rien et des marginaux de la société.

La croissance par l'*anagkazo*

Je crois que cette histoire est symbolique du Seigneur Jésus qui nous envoie inviter les gens pour Lui. Elle est aussi symbolique des pasteurs qui envoient leurs membres évangéliser le monde. J'ai découvert qu'à chaque fois que je m'embarque dans l'évangélisation du monde (en invitant de nombreuses personnes à un grand souper), je rencontre les mêmes choses que cet homme. Cependant, je crois que cet homme eut du succès. Malgré tout, il eut sa fête et sa maison fut pleine d'invités. Peut-être que cela n'a pas tourné comme il le voulait initialement, mais il eut quand même sa fête.

Voyez-vous, Dieu envoie Son église inviter le monde entier pour connaître le Christ. Malheureusement, beaucoup de ceux qui sont invités ne répondent pas. Les Juifs furent les premiers à être invités à connaître le Seigneur. Mais ils rejetèrent le Christ et l'Évangile passa aux Gentils.

Plusieurs membres de l'élite, qui vivent dans de grands centres urbains, entendent l'Évangile à la télévision et à l'église.

Toutefois, ils ne reçoivent pas le message, mais critiquent plutôt les prédicateurs. Encore une fois, l'Évangile est transmis aux pauvres et aux non privilégiés des villages. Ils reçoivent volontiers la Parole parce qu'ils n'ont pas d'autre espoir que Dieu.

1. *Anagkazo* **est important parce que seul un certain type d'évangélisation conduira à la croissance de l'église.**

Les gens ne seront pas convaincus ou contraints de connaître Dieu à travers nos petits jeux d'église. Nos ventes de charité et nos programmes d'église à la « Mickey Mouse » n'iront pas bien loin dans le monde d'aujourd'hui. Nous devons aller vers les gens et les conduire à Dieu.

2. *Anagkazo* **est important parce que les gens qui remplissent nos églises vides ne sont pas dans des endroits où ils peuvent recevoir des cartes d'invitation de la bourgeoisie.**

Si on veut que les gens soient touchés par l'Évangile, on doit employer une nouvelle stratégie et aller sur le trottoir, sur les routes et à la campagne. On sait depuis longtemps que rester assis à l'église et inviter les gens est une stratégie qui ne marche pas pour la croissance de l'église.

3. **Mon cher pasteur, sans** *anagkazo*, **votre église sera vide.**

Souvenez-vous je vous en prie que si cet homme n'avait pas utilisé la stratégie d'*anagkazo*, il aurait eu une maison vide. Souvenez-vous de ceci: « Un pasteur sans *anagkazo* aura une église vide ».

4. **Sans** *anagkazo*, **de nombreuses églises vont mourir d'une mort naturelle.**

Vous devez vous rendre compte que la participation à une église est très fluide. Beaucoup de gens vont et viennent. Si vous n'avez pas plus de gens qui viennent que ceux que vous perdez, votre église commencera à mourir. Si vous ne voulez pas que votre église ferme, vous devez faire ce que Jésus a enseigné : sortir et pratiquer l'*anagkazo*.

5. La vie est de plus en plus mouvementée et les gens sont de plus en plus occupés au vingt-et-unième siècle.

Les gens très occupés par leur travail vont avoir de plus en plus d'excuses. La stratégie de l'*anagkazo* vous aidera à repousser ces excuses. Grâce à votre dynamisme renouvelé et à votre attitude énergique, vous conduirez beaucoup de gens au Christ et à l'église.

Chapitre 28

Comment utiliser *Anagkazo* pour susciter la croissance de l'église

1. Utilisez anagkazo pour préparer un grand repas.

Celui qui veut la croissance de l'église doit s'y préparer. La plupart des campagnes d'évangélisation chrétienne ne sont pas couronnées de succès à moins qu'elles ne comportent beaucoup de préparation. Demandez-vous combien de préparation il y a dans tout ce que vous faites. S'il y a beaucoup de préparation, il y a généralement beaucoup de succès. Les croisades, la croissance de l'église, les campagnes d'évangélisation dépendent de votre préparation. Cet homme qui pratiquait l'anagkazo prépara son excellent programme.

Être dans le ministère n'arrive pas sans beaucoup d'heures de préparation. Des sermons que j'ai prêchés à dix personnes il y a plusieurs années, sont les mêmes sermons que je prêche à des milliers aujourd'hui.

La prédication à un petit groupe de dix personnes a fait partie de la façon dont Dieu me préparait. Si vous voulez que Dieu se serve de vous avec puissance, vous devez commencer à vous préparer dès maintenant ! Profitez de chaque occasion pour faire quelque chose d'utile dans l'église.

Il y a plusieurs années, je me souviens que je jouais de la batterie et du piano dans mon église. Bien que je l'ignorais à l'époque, cela faisait partie de ma préparation au ministère. Aujourd'hui, je sais beaucoup de choses sur la musique et les instruments. Je peux discuter intelligemment de tous les détails qui concernent la musique, le culte et les équipements coûteux. Mon expérience musicale a été un atout précieux pour moi.

2. Utilisez l'anagkazo pour influencer beaucoup de gens.

Vous remarquerez que cet homme dans Luc 14 a organisé un grand festin et a invité beaucoup de gens. L'une des raisons principales pour lesquelles les églises ne se développent pas est que les chrétiens restent entre eux. Vous ne pouvez pas rester entre vous si vous voulez être un témoin influent du Seigneur Jésus Christ.

Quand vous vous asseyez dans un bus, vous pouvez décider d'être amical avec les gens autour de vous. Commencez à parler aux gens autour de vous. J'essaie toujours de partager l'Évangile avec les gens autour de moi. J'ai toujours des Bonnes Nouvelles au sujet de Jésus. Il m'a sauvé et libéré.

Pendant ma deuxième année à l'école médicale, nous vivions sur le magnifique campus de Legon. On nous conduisait chaque jour de l'autre côté de la ville où se trouvait l'hôpital universitaire. Cela prenait une heure de bus pour aller d'un bout de la ville à l'autre.

Ballons et préservatifs

Je me souviens un jour où j'étais assis dans le bus ; je regardais des collègues prendre des préservatifs, les souffler comme des ballons et les faire voler dans le bus. En voyant ces étudiants crier et rire de leurs plaisanteries obscènes, je me rendis compte combien ils étaient confiants dans ce qu'ils faisaient.

Nous, les chrétiens, nous nous asseyons timidement dans le bus, en essayant de nous concentrer sur nos livres.

Ce jour-là, je décidai de ne pas rester dans mon coin. J'attirai l'attention de tout le monde dans le bus et je commençai à prêcher. Bien que le fait de prêcher dans les bus soit devenue assez courante plus tard, à cette époque elle n'était pas habituelle. Certains des étudiants étaient en colère et d'autres avaient l'air blasé. Certains regardaient par la fenêtre en signe de désapprobation, mais je continuai de prêcher ! Je décidai de ne plus rester dans mon coin. Je décidai d'être comme l'homme de Luc 14.

Frapper des mains dans le bus de Londres

Une personne *anagkazo* ne reste pas dans son coin. J'ai vécu à Londres pendant une période de temps. J'étouffais dans l'atmosphère rigide de l'Angleterre. J'avais l'habitude de prêcher partout et n'importe où. Mais en Angleterre, je ne pouvais pas facilement entrer en contact avec les gens autour de moi. Tout le monde semblait si hostile et indifférent.

Un jour, alors que j'étais assis en haut dans un bus à deux étages, l'esprit d'*anagkazo* se leva en moi et je me dis : « Je ne peux plus le garder pour moi ».

Je me levai, et à la surprise de tous dans le bus, je commençai à frapper des mains pour attirer leur attention. Je vous le dis, je semblais peut-être brave à l'extérieur, mais j'avais très peur à l'intérieur.

Il y avait toutes sortes de personnages avec un air meurtrier dans le bus. Mais je gardai mon sang-froid et j'ai donné tout un sermon.

Le bus fut silencieux pendant quelques minutes, alors qu'ils écoutaient ce jeune fou prêcher. Je suis retournai à ma place après avoir prêché et descendis à l'arrêt suivant. Un homme, qui descendit du bus avec moi, me dit : « J'admire votre courage ! Mais je ne pense pas que vous êtes allé très loin ». Que je sois allé très loin ou pas n'est pas ce qui compte. Ce qui est important, c'est que j'ai prêché la Parole. Et la Parole accomplit toujours quelque chose quand on la prêche […] « […] ma parole qui sort de ma bouche […] elle accomplira ce que j'ai voulu […] » (Ésaïe 55 : 11).

3. **Utilisez l'*anagkazo* et n'annulez jamais votre service. Toute personne pratiquant l'anagkazo n'est pas prête à annuler son service.**

Tout pasteur qui suit le processus normal de croissance de l'église passera par des hauts et des bas. Mais un pasteur à l'esprit d'anagkazo n'annulera jamais son service à l'église. Il décidera de persévérer, quelque soit le nombre de gens qui assistent aux services.

Un de mes pasteurs me raconta qu'une seule personne était venue à l'église un dimanche. Il me dit qu'il ne s'était jamais senti aussi déprimé. Toutefois, il réussit à prêcher à cette seule personne et fit de son mieux pour le Seigneur.

L'*Anagkazo* dans la communauté

Je me souviens qu'il y avait un temps où nous avions une participation très faible à nos services. Le Seigneur me dit de faire ce que fit cet homme dans Luc : « Sortez et invitez la communauté à l'église ».

Je Lui dis : « Comment est-ce que je peux faire ça le dimanche ? »

Le Seigneur me répondit : « Fais-le, et tu seras béni ».

Je continuai à argumenter avec le Seigneur : « Qu'est-ce que nos visiteurs du dimanche matin vont penser ? On va chasser les gens de l'église ».

Cependant, le Seigneur insista : « Sors et contrains-les à entrer ».

J'obéis au Seigneur.

J'annonçai à l'église que nous allions arrêter le service, sortir dans la communauté et inviter les gens.

Je leur dis : « Nous allons sortir vers la communauté pour les faire entrer ».

J'annonçai : « Ce n'est pas une invitation en douceur. Chacun de vous doit prendre la main de quelqu'un que vous voyez. Amenez-les physiquement dans le bâtiment de l'église ».

Certains étaient surpris. Mais nous l'avons fait ! Et nous avons amené des centaines de non-pratiquants habitants de la communauté.

Ce jour-là, plusieurs personnes ont donné leur vie au Christ. Nous avons fait cela à de nombreuses reprises, et après un certain temps ce service particulier augmenta considérablement.

Je n'étais pas prêt à annuler mon service en raison d'une faible fréquentation. C'est ce que tout pasteur à l'esprit d'anagkazo est prêt à faire.

4. Utilisez l'*anagkazo* pour éviter d'avoir des salles vides.

Un pasteur qui travaille avec l'esprit d'anagkazo n'est pas prêt à avoir un service avec une église vide. Il y a de nombreuses années, quand j'étais étudiant en médecine, le Seigneur me demanda de mettre en route une église. Je n'avais pas de membres dans mon église. Pas même une seule âme à qui prêcher ! Mais je n'étais pas prêt à avoir une église vide.

Anagkazo et prédication à l'aube

J'étais encore étudiant quand l'Esprit Saint me dirigea vers la résidence universitaire des infirmières. Je me souviens de ce tout premier jour. Il était environ 5 heures du matin et il faisait encore noir. Debout à l'extérieur de la résidence, j'ai frappé des mains et les ai réveillées. Elles étaient peut-être surprises, mais cela ne me dérangeait pas. Je leur prêchai au sujet de Jésus. Quand j'ai eu fini, je fis quelque chose de très audacieux. Je leur dis : « Si vous voulez donner votre vie au Christ, enlevez vos pyjamas et mettez quelque chose de décent, et descendez. Nous voulons vous parler du Christ».

Ce matin-là, plusieurs jeunes filles ont donné leur cœur à Dieu. Jusqu'à ce jour, beaucoup d'entre elles sont toujours membres de mon église.

Prêcher à l'aube à des gens qui sont au lit a été l'une de mes méthodes préférées pour appliquer ce principe d'*anagkazo*. Un matin, je prêchai à la résidence universitaire des infirmières en santé publique. Une femme me jeta une note disant qu'elle avait abandonné la foi et avait besoin d'aide. Elle voulait que nous lui parlions. Ce matin-là, nous avons exercé notre ministère auprès d'elle et Dieu l'a délivrée. Cela fait maintenant dix ans qu'elle est un membre fidèle de notre église.

Bien que je commence avec une classe vide, elle s'emplit vite d'infirmières qui avaient donné leur vie au Christ grâce à mes prédications par *anagkazo* à l'aube.

Cher lecteur, je veux que vous compreniez quelque chose : je n'ai pas hérité d'église de personne. Je suis souvent allé dans des endroits où je ne connaissais personne, et personne ne me connaissait. J'ai dû sortir et gagner des âmes, persuader et conduire les gens au Seigneur, jusqu'à ce que la salle soit pleine.

5. Utilisez l'*anagkazo* pour repousser les excuses des gens.

Beaucoup de gens sont pleins d'excuses. L'homme dans l'histoire entendit trois excuses incroyables pour ne pas assister à sa fête. Toutefois, aucune d'entre elles ne l'a impressionné.

La première excuse était d'essayer les bœufs la nuit. Tout le monde sait que personne n'essaie des bœufs à cette heure de la nuit. La seconde excuse était de quelqu'un qui venait de se marier. Mais nous savons tous qu'un dîner aurait été une sortie agréable pour un couple qui venait de se marier.

La troisième excuse était d'aller voir un terrain la nuit. Permettez-moi de vous poser une question : est-ce que vous n'évaluez pas un morceau de terrain avant de l'acheter ? Comment pourriez-vous inspecter un morceau de terrain la nuit ? Pourriez-vous même le voir clairement ? Et pourtant, quelqu'un a utilisé cela comme une excuse pour ne pas assister à la fête.

Un bon ministre, qui veut toucher les gens, ne doit pas se laisser accabler par les excuses des gens. Il doit apprendre à repousser les excuses des gens.

Même quand vous prêchez la Parole de Dieu, les gens créent des excuses dans leur esprit. Ils pensent à des raisons pour lesquelles ils n'obéiront pas à la Parole. Tout bon prédicateur doit apprendre à prêcher contre les excuses et les idées des gens. Jésus parlait directement contre les raisonnements et les excuses des gens. Et ils le savaient!

[…] ils avaient discerné qu'il avait dit cette parabole contre eux.

Luc 20 : 19

Beaucoup d'excuses n'ont pas de fondement. Un bon ministre doit apprendre à voir quand les excuses n'ont pas de sens. Je parlai à un ami et l'invitai à l'église. Il me dit alors que le temps n'était pas propice et qu'il devait parcourir une longue distance.

Je lui dis : « Vous êtes un homme d'affaires prospère. Tout ce que vous voulez faire, vous le faites. Vous voyagez. Vous vous levez tôt tous les jours. Vous avez même le temps de rendre visite à votre petite amie qui vit à quelques centaines de kilomètres. Comment se fait-il que vous n'ayez pas de temps pour Dieu ? »

Je lui dis : « Si vous voulez vraiment faire quelque chose, vous pouvez le faire ».

Certaines personnes ne paient pas la dîme, parce qu'ils prétendent qu'ils n'ont pas d'argent. Regardez combien d'argent ils consacrent à d'autres choses. Vous vous rendrez compte que le problème n'est pas un manque d'argent, mais l'esprit de cupidité.

6. Utilisez l'*anagkazo* pour repousser les mensonges des gens.

Je me souviens d'un jour où l'un de mes pasteurs fit des collectes de fonds dans une église filiale.

Au cours de la collecte de fonds, le pasteur demanda qui voudrait donner de l'argent pour l'achat d'instruments de musique pour l'église.

Un homme, qui était un étranger, était prêt à faire un don. Alors qu'il leva la main, sa femme la rabaissa. Elle pensait que le pasteur n'avait pas remarqué.

Après le service, la dame s'approcha du pasteur et lui dit : « Vous savez, la raison pour laquelle nous n'avons pas donné d'argent au cours de la collecte de fonds était que mon mari qui est un étranger ne voulait rien donner ».

Elle poursuivit : « Vous savez comment sont ces étrangers. Ils sont si avares ».

Mais c'était un mensonge. C'est elle qui ne voulait rien donner.

Enfin, elle promit au pasteur : « Je vais voir ce que nous pouvons faire. Je suis sûre que nous pourrons aider ».

Tous les pasteurs doivent apprendre à repousser les mensonges et les excuses des gens que nous conduisons.

7.   Utilisez l'*anagkazo* pour ouvrir une voie.

Ce qui différencie ceux qui réussissent de ceux qui échouent est la capacité à repousser les excuses. Notez que l'homme dans Luc 14 ne fut pas touché par aucune des excuses et raisons données. Il ouvrit une voie de sortie pour toutes les circonstances présentées par les invités qui ne voulaient pas venir.

Je crois en une chose : si vous voulez vraiment faire quelque chose, vous ouvrez une voie ; si vous ne voulez pas faire quelque chose, vous créez une excuse.

Ils vinrent faire la fête

Je me souviens quand de nombreux jeunes ne voulaient pas venir à l'église. Les jeunes hommes, en particulier, créaient toutes sortes d'excuses. L'esprit d'*anagkazo* se leva en moi et je dis : « S'ils ne veulent pas venir à l'église, organisons des fêtes pour eux ».

Nous avons organisé une fête pour les jeunes dans une zone de la ville. Nous avons fait des cartes d'invitation et les avons distribuées à la jeunesse de la communauté. Ils étaient très heureux et se sont dit : « C'est une autre occasion de faire la fiesta ».

Je me souviens d'un soir en particulier, où nous avons joué de la musique chrétienne dynamique et dansé avec les non-croyants. L'un d'eux me dit plus tard qu'il se demandait pourquoi on ne leur servait pas de bière. À un moment de la fête, nous sommes passés à de la musique plus lente et avons dit que nous avions une annonce à faire.

À ce moment-là, un bon nombre des non-incroyants endurcis étaient assis. À leur grande surprise, je me levai et leur prêchai l'Évangile. Ils étaient surpris, mais ils donnèrent quand même leur vie au Christ. Beaucoup furent nés de nouveau ce soir-là.

J'ai des pasteurs dans l'église qui furent sauvés au cours de certaines de ces fêtes surprise d'évangélisation. La Bible nous dit d'« en sauver quelques uns », par tous les moyens.

Anagkazo veut dire contraindre et conduire les hommes à Dieu. Une personne *anagkazo* n'est pas affectée par des circonstances défavorables. Nous n'étions pas affectés par le fait que ces jeunes hommes ne voulaient pas venir à l'église. Nous avons trouvé un moyen ! Apprenez à ouvrir une voie là où il n'y a pas voie. Trouvez un moyen de repousser toutes les excuses que les gens créent.

8. Utilisez l'*anagkazo* pour sortir de votre cercle habituel d'amis.

Tout le monde a un cercle d'amis. La chose habituelle est de rester dans votre cercle d'amis et de connaissances. Cependant, celui qui veut que Dieu se serve de lui doit sortir de ce groupe habituel. Vous remarquerez que l'homme *anagkazo* de cette histoire fut obligé de sortir de son cercle normal d'amis. C'est une réalité que nous devons affronter si nous voulons plaire à Dieu !

J'avais mon cercle

J'avais un groupe d'amis avec lesquels j'ai grandi à Accra, une sorte de groupe élitiste composé des enfants des étrangers et autre bourgeoisie. Dans mon enfance, je voyageais en première classe sur les vols intercontinentaux, et j'évoluais principalement comme on dit, avec l'échelon supérieur de la société. J'ai habité dans des villes internationales avec mon père. Mes passe-temps étaient la natation, l'équitation et les courses de chevaux. Très peu de personnes avaient de tels passe-temps.

Cependant, il n'y avait pratiquement pas de chrétiens dans ces milieux. Quand je fus né de nouveau, je sortis de ce cercle et rejoignis un groupe très différent. Je me retrouvai en meilleure compagnie, différente de ce que je connaissais.

Le fait est que pour plaire à Dieu, je ne pouvais plus passer beaucoup de temps dans ces milieux. Il n'y avait tout simplement pas de croyants dans ce groupe. Si vous voulez plaire à Dieu, vous devrez sortir de votre cercle et apprendre à connaître d'autres groupes de personnes.

Je sais que le riche de cette histoire ne fréquenterait pas normalement les gens qui vivent à la campagne ou qui se tiennent sur les routes.

Je sais que le riche de cette histoire ne fréquenterait pas normalement les estropiés, les aveugles et les handicapés. Toutefois, pour obtenir la croissance de l'église, il dut fréquenter des personnes d'autres milieux sociaux.

La belle petite fraternité doit grandir

Je me souviens de 1984, quand j'étais chef d'une belle fraternité à l'université.

Nous nous aimions beaucoup et étions de bons copains (en fait, j'ai trouvé ma femme dans ce groupe). Beaucoup des gens que je connaissais dans ce petit groupe sont toujours mes amis intimes jusqu'à ce jour. Toutefois, l'Esprit de Dieu me poussa à sortir de notre petit groupe et à aller vers des gens que nous ne connaissions pas.

Je me souviens que certaines personnes n'étaient pas en faveur de l'expansion de notre belle petite clique.

« Si vous amenez plus de gens, nous allons perdre quelque chose », disaient-ils. « Il y a quelque chose de spécial dans une petite fraternité. C'est agréable d'être petit. C'est une adorable petite famille ».

Mais je menai ce groupe dans une campagne de sensibilisation après l'autre, poussant et obligeant les gens à venir au Seigneur. Le fait de prêcher ne me fatiguait jamais. Le péché ne fatigue pas les gens, alors pourquoi est-ce que la propagation de l'Évangile devrait vous fatiguer ?

Au cours de la deuxième année à l'école de médecine, qui, normalement, est la plus difficile, je conduisais ce groupe dans des prédications à l'aube, tous les samedis matin. Tout le monde nous connaissait. Ils avaient l'habitude d'entendre nos voix résonner haut et fort le samedi matin.

« Remerciez Dieu pour notre belle petite fraternité », leur dis-je. « Mais nous devons sortir et gagner des âmes ». Nous devons sortir de notre petit cercle.

Après un certain temps, nos sermons n'impressionnent plus les non-croyants. Si vous ne trouvez pas une nouvelle approche, une méthode nouvelle d'anagkazo, votre message va perdre de son punch.

Alors qu'on continuait à prêcher à l'aube, je me rendis compte que les gens se retournaient simplement dans leur lit et nous ignoraient. Je me suis dis : « Nos messages ne conduisent plus les gens vers le Seigneur ».

Mais l'Esprit du Seigneur me donna une idée lumineuse.

Frappez à leurs portes !

Puisque les gens avaient maintenant tellement l'habitude d'entendre nos voix, nous devions faire quelque chose de nouveau. Je décidai d'envoyer un groupe aux portes de leurs chambres.

Je dis au prédicateur de ce matin là: « Quand vous arriverez à l'appel d'autel, nous nous mettrons à frapper à leurs portes ».

Je lui dis : « Dites aux gens qui vous écoutent qu'ils vont entendre quelqu'un frapper à leur porte. S'ils veulent accepter le Christ, ils doivent ouvrir et nous entrerons pour les conduire au Seigneur ».

Le prédicateur suivit mes instructions. Tout à coup, ceux qui nous ignoraient devaient faire attention. On frappait à leur porte à 5 heures du matin ! Croyez-moi, beaucoup furent glorieusement nés de nouveau au cours de ces prédications du matin.

Le salut pour le moqueur

Je me souviens très bien d'un frère en particulier. Il se moquait des Chrétiens quand ils parlaient en langues. Il se moquait du don des langues. C'est quelqu'un qui s'enivrait et se couchait près de l'un des nombreux étangs qui parsèment le magnifique campus de l'Université du Ghana. Ce matin-là, mon ami l'évangéliste prêchait et dit : « Peut-être que vous entendez frapper à votre porte. Si vous voulez être né de nouveau, ouvrez votre porte et quelqu'un va entrer pour vous conduire au Seigneur », il m'arriva de frapper à la porte de ce jeune homme.

Je fus surpris quand il ouvrit la porte et nous fit entrer. Il nous dit : « Je savais que vous alliez venir ici. Aujourd'hui, c'est mon jour ! » Nous avons prié avec lui et il offrit son cœur au Seigneur ce matin même. Jusqu'à ce jour, cet homme sert le Seigneur. Je rends gloire à Dieu pour tous les gens qui sont nés de nouveau quand nous sommes sortis avec puissance pour proclamer la Parole. L'*Anagkazo* marche !

9. **Utilisez l'*anagkazo* jusqu'à ce qu'il n'y ait plus de place dans votre église.**

    […] et il y a encore de la place.
    Luc 14 : 22

Une chanson que j'aime dit ceci : *Il y a de la place à la croix pour vous. Il y a de la place à la croix pour vous. Bien que des millions soient venus, il y a encore de la place pour un. Il y a de la place à la croix pour vous.*

Ne soyez pas satisfait tant qu'il y a de la place dans votre église. L'homme de cette histoire envoya ses serviteurs tout simplement parce qu'il y avait de la place.

Je crois que chaque église devrait installer plus de chaises que le nombre de gens qui viennent vraiment. La présence de bancs vides devrait motiver le pasteur à sortir et inviter jusqu'à ce que la maison soit pleine. L'essence même de croissance de l'église est d'avoir une église pleine.

[...] et contrains [*anagkazo*]-les d'entrer, afin que ma maison soit remplie.

Luc 14 : 23

L'évangélisation est directement liée à la croissance de l'église. Tous nos efforts pour amener les gens au Seigneur devraient porter du fruit. Nous devons voir nos efforts remplir les bâtiments de l'église.

Quel que soit le cas, un ministre doit voir qu'il y a de la place à la croix pour une âme de plus. Je crois que si nous avons cet esprit, Dieu se servira de nous pour remplir l'église.

Je n'ai jamais été satisfait du nombre de personnes dans mon église. Quand nous avions dix personnes, j'en voulais vingt. Quand nous avions cinquante, je rêvais de cent. Quand Dieu me donna cent personnes, je me dis : « Que se passerait-il si j'avais cinq cents personnes ? » Quand l'église compta des centaines de membres, je pensai : « Que se passerait-il si nous en avions des milliers ?

Je pense qu'un pasteur se lassera de prêcher aux mêmes personnes après un certain temps. Nous devons être motivés pour avoir une maison plus remplie. Ces mots continuent de résonner dans mon âme : « Que ma maison soit remplie ! » « Que ma maison soit remplie ! » Mon cher pasteur, n'oubliez jamais qu'il y a encore de la place à la croix.

Chapitre 29

Comment *Anaideia* et *Biazo* conduisent à la croissance de l'église

A *naideia* et *biazo* sont les clés de la croissance de l'église. L'évangélisation est la clé pour faire que de nouvelles personnes se joignent à votre église. Sans *biazo* et *anaideia*, vous n'aurez pas la force d'évangéliser.

Biazo

En vérité, je vous dis parmi ceux qui sont nés de femme, il n'en a pas été suscité de plus grand que Jean le Baptiste ; toutefois celui qui est le moindre dans le royaume du ciel est plus grand que lui. Et depuis les jours de Jean le Baptiste jusqu'à maintenant, le royaume du ciel souffre de violence, et les violents [*biazo*] le prennent par force.

Matthieu 11 : 11-12

Des multitudes de non-chrétiens se projettent sur une large rue vers l'Enfer. Ils chantent, ils dansent, et ils boivent et mangent. Ils se fichent de l'Évangile que nous prêchons ! Beaucoup d'entre nous, Chrétiens, nous vivons dans notre petit monde sympathique où nous sommes inconscients de la réalité des pécheurs qui vont en Enfer.

J'ai travaillé une fois en tant que sous-stagiaire à la morgue du plus grand hôpital du Ghana. Quelque chose m'a frappé que je veux partager avec vous. À quelques minutes d'intervalle, une voiture se garait à l'extérieur de la morgue. Dans cette voiture, il y avait le corps d'un homme affalé sur le siège arrière, ou même parfois dans le coffre.

Je me tenais à la porte principale de la morgue quand les gens apportaient leurs amis et leurs proches qui étaient morts à la maison ou dans la rue. Ces gens étaient si tristes et secoués. Vous devez comprendre que seulement quelques heures plus tôt, ils parlaient à une personne vivante qui maintenant n'était plus. Ils apportaient leurs proches dans un réfrigérateur.

Je remarquai qu'il ne semblait pas y avoir de moment particulier de la journée où on apportait les morts à cette morgue. Alors que je me tenais là, Dieu me montra que les gens mouraient à travers la ville tout le temps. La mort n'est pas réservée pour tôt le matin ou tard le soir. Elle arrive à tout moment et n'importe où.

Une personne qui ne s'est jamais tenue à la porte d'une morgue ne saura pas combien la mort est commune. À quelle fréquence les gens partent pour l'éternité ! Tout comme le Seigneur parla à ses prophètes quand ils voyaient certaines choses, de même le Seigneur me parla quand je me tins à cette porte. Il me demanda : « Combien de ces personnes sont sauvées, penses-tu ? »

« Je suis mort pour eux, j'ai donné ma vie pour eux, mais sont-ils sauvés ? »

Écoutez-moi, mon ami chrétien. Nos foires d'église, nos mariages, nos fraternités et nos beaux chœurs ne sont pas assez pour gagner des multitudes au Christ. Les gens se projettent sur la route de la destruction. Ils ne savent même pas qu'ils vont en Enfer.

Ils entendirent la musique

Cela me rappelle la seconde guerre mondiale où les prisonniers furent emmenés dans de grands camps. On les dépouilla de leurs vêtements et on les entassa dans d'énormes chambres à gaz. Alors qu'ils entraient, leurs ravisseurs jouaient de la belle musique pour les prisonniers. Ils entendirent la musique. Comme elle a dû sembler apaisante et rafraîchissante ! « Sûrement que rien de mal ne va nous arriver », pensaient-ils. Ils ne savaient pas qu'ils étaient sur le point d'être abattus par les mêmes personnes qui jouaient de la musique.

Tel est le lot des non-croyants d'aujourd'hui. Ils entendent la musique du diable. Les mélodies et berceuses de ce monde actuel les séduisent. En raison de ces choses, ils ne savent pas qu'ils marchent vers leur propre destruction. « … comme un bœuf va à la boucherie… » (Proverbes 7 : 22).

Dans Matthieu 11 : 12, la Bible nous dit que le royaume des cieux est forcé, et ce sont les violents qui s'en s'emparent. Qu'est-ce que cela veut dire ?

La traduction du Nouveau Testament du Vingtième Siècle (Twentieth Century New Testament) le traduit ainsi : **… des hommes utilisant la force le saisissent…**

La traduction de William dit : **… les hommes le saisissent comme un bien précieux…**

La traduction de Goodspeed dit : **… les hommes prennent le royaume des cieux à l'assaut…**

La traduction de Weymouth dit : **… le royaume de Dieu supporte un assaut violent…**

Toutes ces traductions nous disent une seule chose : les mots doux, les belles chansons, les faibles sermons et les chœurs dociles ne peuvent pas faire grand-chose dans ce monde indifférent et désintéressé. Les gens ne veulent pas savoir. Ils sont trompés.

Les jeux d'église n'aideront pas

Ils ne se soucient pas de savoir si Jésus vient aujourd'hui ou demain. « Laissez-moi tranquille », disent-ils. « Au diable vos trucs d'église ».

C'est pourquoi nous avons besoin de ce que la Bible appelle *biazo. Biazo* veut dire recourir à la force et entrer de force. Beaucoup de gens sont aveuglés par le diable. Nous devons ouvrir les yeux sur les réalités du Ciel et de l'Enfer.

> **[…] le dieu de ce monde a aveuglé les pensées de ceux qui ne croient pas […]**
>
> **2 Corinthiens 4 : 4**

L'Apôtre Paul n'a pas seulement donné de beaux sermons. Il était très actif à faire tourner les têtes et à faire ouvrir les yeux des non-croyants.

Je sais toujours quand les gens ignorent le message. Mais je veux que personne n'ignore ce message important, je dois faire tourner leurs têtes et leurs ouvrir les yeux. Un matin en particulier, nous sommes retrouvés avec mon groupe dans une salle à l'université pour prêcher.

Quand nous avons des croisades à l'échelle de la ville, je me tiens sur le podium et j'ordonne aux membres de mon église d'aller dans la communauté. Nous n'attendons pas qu'ils viennent à nous, nous sortons pour les amener de leurs domiciles.

Un jour, nous sommes même allés dans un « quartier chaud » et avons amené un groupe de prostituées à la croisade. J'étais très heureux de voir ces prostituées venir à l'autel offrir leur vie au Seigneur. Voyez-vous, si nous n'avions pas obligé ces femmes à quitter leurs « lieux de travail »et à venir à la croisade, elles n'auraient jamais pu être sauvées. La plupart des prostituées ne vont pas à l'église. Elles auraient tout simplement suivi leur routine quotidienne. Nous aurions fini par nous prêcher à nous-mêmes.

Mes amis chrétiens, arrêtons de jouer. Si nous voulons prêcher l'Évangile, ne le prêchons pas à nous-mêmes. Sortons et conduisons les gens (*anagkazo* et *biazo*) au Seigneur.

Anaideia

Je vous dis, bien qu'il ne veuille se lever pour lui en donner parce qu'il est son ami, pourtant à cause de son importunité [*anaideia*] il se lèvera, et lui en donnera autant qu'il en a besoin.

Luc 11 : 8

Dans Luc 11, Jésus nous raconte une histoire d'un homme qui avait besoin de trois pains. Cet homme passa au-dessus de sa honte et de sa gêne et se rendit chez son ami à une heure très bizarre. On réveilla le maître de la maison.

Il a peut-être crié : « Qu'est-ce qui se passe? Est-ce qu'il y a des voleurs armés ici ? Est-ce qu'il y a le feu ? Qu'est-ce qui se passe dehors ? » Le serviteur de la maison répondit sans doute : « C'est le voisin. Il dit qu'il veut du pain pour ses visiteurs ».

Mon cher ami chrétien, la plupart d'entre nous ne dérangeraient même pas nos meilleurs amis à minuit. Et encore moins pour demander quelque chose de trivial comme du pain !

Mais le message de Jésus ici est très simple. Si vous n'avez pas honte de faire pression pour certaines choses, vous ne les obtiendrez jamais. Si vous êtes sans vergogne pour tenter de parvenir à une croissance de l'église, vous accomplirez des choses dont d'autres ne feront que rêver ! Dieu m'a montré que les gens qui sont très préoccupés par leur image publique ne peuvent pas faire grand chose pour Dieu.

Avez-vous honte de poursuivre la croissance de l'église ?

Il faut de l'*anaideia*, de l'effronterie, pour commencer une église. Quand je discutai avec mon ami de l'idée de commencer une église, je me souviens qu'il me regarda avec étonnement. Il me dit : « Et si les gens ne viennent pas à l'église ? Nous serons tellement gênés. Les gens en ville vont entendre que nous avons essayé de démarrer une église qui n'a pas marché ».

En commençant une église, je ne veux pas rompre avec un large segment du ministère de quelqu'un d'autre. Je parle d'aller dans une pièce qui a deux ou trois personnes et leur prêcher. Il faut être effronté pour dire à ces quelques personnes qu'ils sont maintenant dans une grande église. Si vous n'êtes pas prêt à passer par la honte et le ridicule de vous tenir dans une salle vide et d'avoir l'air bizarre, vous ne réaliserez jamais de grandes choses pour Dieu.

Avez-vous honte du travail de l'église ?

Un pasteur me dit qu'il avait peur de faire un appel d'autel, en invitant les gens à offrir leur vie au Christ. Et si personne ne répond ? N'auriez-vous pas honte ? Les gens vont penser que vous n'êtes pas oint et que votre message n'a pas été assez puissant. C'est précisément ce raisonnement qui éloigne les gens du ministère puissant.

Un de mes Anciens m'appela et me dit que pour la première fois, quelqu'un dans l'église avait répondu à son appel d'autel. Voyez-vous, elle avait fait des appels d'autel sans effronterie, mais sans que personne ne réponde. Mais avec l'*anaideia* (sans effronterie et avec persistance), elle a finalement eu des résultats !

Avez-vous honte du ministère de guérison ?

L'homme sans effronterie qui demanda du pain atteint finalement son objectif. Je me souviens quand je commençai à prier pour les malades. J'étais très inquiet de ce que les gens allaient penser de moi.

Plusieurs fois, alors que je me tenais sur le podium, le diable me dit : « Ne te donne même pas la peine d'appeler des témoignages, personne ne sera guéri ».

Le diable me dit : « Ne te déshonore pas davantage. Arrête le service ici et renvoie les gens chez eux ».

Mais l'Esprit du Seigneur vint en moi et je me dis : « Je n'ai pas honte. Si personne n'est guéri cette fois, je recommencerai encore et encore ! Un jour, quelqu'un sera guéri ». Je suis heureux de dire que beaucoup ont été guéris.

Après avoir reçu mon diplôme de l'école de médecine, j'ai travaillé pendant un an comme médecin.

Avez-vous honte du ministère à temps plein ?

À un moment donné, le Seigneur commença à me parler de l'entrée dans le ministère à temps plein. Je discutai avec le Seigneur : « Je vais travailler et faire assez d'argent pour aider l'église ».

Je poursuivis : « Qu'est-ce que les gens vont penser de moi : laisser une profession si noble et en embrasser une si controversée ». Je dis au Seigneur : « Personne ne connaît mon église ! Et personne ne me connaît ! »

« Le pire de tout, quelle honte pour moi de vivre de la collecte des gens ».

« C'est ridicule ! Pourquoi est-ce que les gens devraient apporter leurs sous pour m'entretenir ? Je trouve ça dégradant », pensais-je.

Cependant, le Seigneur me dit : « Ceux qui prêchent l'Évangile doivent vivre de l'Évangile ».

De même aussi, le Seigneur a ordonné à ceux qui prêchent l'évangile, de vivre de l'évangile.

1 Corinthiens 9 : 14

Je dus enterrer ma fierté de médecin et embrasser le ministère à plein temps sans effronterie. Grâce à la révélation d'être sans effronterie (*anaideia*), je suis allé loin dans le ministère. J'ai réalisé des choses que personne n'aurait jamais cru que je pourrais faire.

L'Anaideia (être sans effronterie) est la clé dont vous avez besoin pour accomplir de grandes choses pour Dieu !

Section 12

CROISSANCE DE L'ÉGLISE ET UN LEADERSHIP DUR

Chapitre 30

Pourquoi vous devez devenir un dur leader pour que votre église croisse

> [...] Je le comparerai à un homme prudent qui a bâti sa maison sur le roc :
>
> Matthieu 7 : 24

L'image traditionnelle d'un pasteur est quelqu'un de doux, de gentil et de compréhensif qui écoute tous les problèmes de la congrégation. Ce gentil pasteur est très aimant et compréhensif de toutes les questions qui lui sont présentées. Il a le temps pour tout le monde et il a souci des enfants de tout le monde. Il est gentil et amical envers tous ceux qui veulent lui parler.

C'est l'image que j'avais aussi d'un pasteur. Je fus donc choqué quand j'entendis le Dr David Yongi Cho, pasteur de la plus grande église au monde, dire que pour construire une grande église vous devez être un leader très fort. Je pensais que c'était contradictoire, car le pasteur était censé être quelqu'un de tendre, doux, aimant les gens avec l'amour du Seigneur.

Qu'est-ce que la dureté et la force du leadership ont à voir avec le fait d'être pasteur pour un grand nombre de personnes ? Avec le temps cependant, je découvris par moi-même combien il est important d'être un leader fort et dur si vous voulez que votre église croisse.

En fait, cette idée d'un leadership fort et dur pour la croissance de l'église est un concept totalement biblique, avec de nombreux passages de l'Écritures à l'appui.

1. **Vous devez être un chef dur, parce que vous ne pouvez construire une grande maison que sur une fondation solide comme le roc.**

Vous ne pouvez pas construire une grande église autour d'un chef doux. Vous avez besoin d'un leader dur sur lequel vous pouvez bâtir un énorme ministère. L'église est la maison de Dieu et elle a aussi besoin d'un roc pour fondation.

Vous avez besoin d'un roc, parce que la pluie va tomber, les torrents vont venir et les vents vont souffler sur l'église que vous édifiez. S'il n'y a pas de dureté dans la fondation, il n'y a aucun espoir pour l'avenir.

> […] Je le comparerai à un homme prudent qui a bâti sa maison sur le roc ; Et la pluie est tombée, et les torrents sont venus, et les vents ont soufflé, et ont déferlé sur cette maison ; et elle n'est pas tombée, car elle était fondée sur le roc.
>
> Matthieu 7 : 24-25

2. Vous devez être un chef dur, parce que Jésus Christ voulait que Pierre, le chef de Son église, soit un roc dur.

Il changea le nom de Pierre en « le roc », parce qu'Il savait qu'une personne dure était nécessaire pour construire l'église à travers le monde. Jésus voulait que Pierre soit un leader dur, pas facilement manipulé. Vous devez également être un leader dur qui ne soit pas facilement manipulé.

> Et moi, je te dis aussi que tu es Pierre, et sur ce roc, je bâtirai mon église, et les portes de l'enfer ne prévaudront pas contre lui.
>
> Matthieu 16 : 18

3. Vous devez être un chef dur, parce que Jésus recommanda Jean, le plus grand prophète, pour être quelqu'un de dur.

Les gens qui sont doux et mous ne sont pas à la tête de grands ministères. Un chef mou est quelqu'un qui manque de détermination. Il n'a ni force ni caractère. Les grands ministères sont souvent dirigés par des leaders durs qui ne sont pas affectés par ce que les gens disent, mais uniquement par ce que Dieu dit.

Jean Baptiste se fichait de ce que les gens pensaient. Il se fichait même de ce que le roi pensait. Il ne se souciait pas de sa vie quand il réprimanda le roi pour avoir épousé la femme de son frère. Pas étonnant que Jésus le recommanda.

Et comme ils s'en allaient, Jésus se mit à parler aux multitudes, concernant Jean : Qu'êtes-vous allés voir au désert ? Un roseau agité par le vent ? Mais, qu'êtes-vous allés voir ? Un homme vêtu de vêtements délicats ? Voici, ceux qui portent des habits délicats sont dans les maisons des rois. Mais qu'êtes-vous allés voir ? Un prophète ? Oui, vous dis-je, et plus qu'un prophète.

Matthieu 11 : 7-9

4. Vous devez être un chef dur, parce que tout dépend du leader.

[…] Je frapperai le berger, et les brebis du troupeau seront dispersées.

Matthieu 26 : 31

Tout dépend du berger. Tout dépend du chef. Quand le berger est déprimé, tout le monde est déprimé avec lui. Une église entière ne peut pas s'appuyer sur quelque chose de mou, faible et indécis. Les leaders instables, mous, apathiques et qui tergiversent n'ont pas de place à la tête d'un grand ministère. Si vous êtes le capitaine du navire, la vie de tous dépend de vous. Si vous êtes le pilote d'un avion, la vie de tous dépend de vous.

Le pilote mou

Un jour, j'ai regardé un documentaire d'un tel leader faible qui était le pilote d'un vol en provenance de Colombie à New York. On lui demanda de retarder son atterrissage en raison du trafic aérien à l'aéroport. Imaginez un peu : il tourna en rond jusqu'à ce qu'il manque de carburant et son avion s'est écrasé, tuant de nombreuses personnes.

Bien sûr, une enquête a été ouverte sur cette terrible tragédie. L'enquête de l'écrasement d'avion a finalement décidé que ce pilote n'avait pas mis de pression suffisante sur le contrôle du trafic aérien et ne leur avait pas fait comprendre assez fortement qu'il était à court de carburant.

Cette nuit-là, ce pilote mou tua beaucoup de gens, y compris lui-même, parce qu'il n'eut pas la force de faire pression sur le contrôle du trafic aérien en leur disant qu'il devait atterrir de toute urgence.

Il avait manqué également de force pour faire atterrir son avion de force, et illégalement si besoin, alors qu'il savait que tout le monde était en grand danger.

C'est ce que c'est que d'avoir quelqu'un de faible et de doux en charge de tout. C'est pourquoi Jésus voulait que Pierre soit un roc. Il voulait que quelqu'un de dur soit le chef de son Église.

5.   **Vous devez être un chef dur, parce que la tête de l'église, Jésus Christ, est un chef dur et qu'Il ne s'excuse de rien.**

Puis celui qui n'avait reçu qu'un talent, vint et dit : Seigneur, je savais que tu es UN HOMME DUR, moissonnant où tu n'as pas semé, et recueillant où tu n'as pas répandu ;

J'ai eu peur, et je suis allé et j'ai caché ton talent dans la terre ; voici, tu as ce qui est à toi.

Son seigneur répondit et lui dit : Méchant et paresseux serviteur, TU SAVAIS QUE JE MOISSONNE OÙ JE N'AI PAS SEMÉ, ET QUE JE RECUEILLE OÙ JE N'AI PAS RÉPANDU ;

Tu aurais donc dû donner mon argent aux banquiers, et alors à mon retour j'aurais reçu ce qui est à moi avec l'intérêt ».

Matthieu 25 : 24-27

Jésus nous raconte des paraboles qui illustrent Sa dureté en tant que leader. Il ne s'excuse pas pour cette réalité. Dans cette parabole, le serviteur accuse son chef d'être dur. « Tu es un homme dur », dit-il. À son avis, ce chef dur a des avantages qu'il ne mérite pas. Mais le Seigneur ne nie pas d'être un homme dur.

En fait, il confirme qu'il est aussi dur que le serviteur le pense : il moissonne où il n'a pas semé.

Mon cher ami, vous aurez besoin d'être aussi dur que notre Seigneur si vous voulez faire quelque chose pour le royaume.

Chapitre 31

La dureté et les décisions du pasteur d'une méga-église

La dureté et les décisions du pasteur d'une méga-église déterminent le caractère de son leadership. Un pasteur d'une méga-église aura besoin de force pour conduire les fidèles vers la Terre promise.

Sa force se révèlera à travers les décisions difficiles qu'il prend et sa capacité à donner suite à ce qu'il a décidé.

Je veux partager avec vous quelques-unes des décisions qu'un pasteur dur et fort devrait probablement prendre pour édifier une grande église.

1. **Un pasteur qui construit une grande église devra prendre des décisions pour mettre les bonnes personnes aux bons endroits.**

Si vous suivez ce que la majorité pense, vous ne pouvez jamais être pasteur d'une méga-église. Joseph fut choisi pour être le premier ministre et avoir autorité sur toute l'Égypte. Pouvez-vous imaginer ce que les autres ministres ont ressenti quand cet esclave israélien fut nommé comme leur patron ?

Et Pharaon dit à Joseph : Puisque Dieu t'a fait montré tout ceci, *il n'y* a personne qui soit si circonspect et si sage que *toi.*

Tu seras sur ma maison, et tout mon peuple sera gouverné selon ta parole ; seulement quant au trône, je serai plus grand que toi.

Et Pharaon dit à Joseph : Regarde, je t'ai établi sur tout le pays d'Égypte.

Genèse 41 : 39-41

2. Un pasteur qui construit une grande église devra réprimander les gens qui ne suivent pas l'ordre de l'église.

Si vous ne pouvez pas réprimander les gens qui ne suivent pas vos ordres, vous ne pouvez pas être le pasteur d'une méga-église. Les gens désobéissent constamment aux ordres. Ils veulent voir combien vous êtes fort. Ils veulent voir jusqu'où ils peuvent aller. Ils veulent voir si vous allez vous occuper de ces questions embarrassantes. Tout le monde regarde pour voir combien vous pouvez être fort.

Mais il se tourna, et dit à Pierre : Va-t-en derrière moi, Satan, tu m'incites à péché ; car tu n'apprécies pas les choses qui sont de Dieu, mais celles qui sont des hommes.

Matthieu 16 : 23

3. Un pasteur qui construit une grande église devra prendre des décisions difficiles pour ne pas permettre à sa femme de le diriger ni de le guider dans son ministère.

Adam fut guidé par sa femme dans le chaos que nous connaissons maintenant dans le monde. Abraham fut guidé par sa femme en donnant naissance à Ismaël. Dans les deux cas, la Bible utilise l'expression « Et Adam / Abraham écouta la voix de sa femme ... »

Achab fut guidé par sa femme pour assassiner et voler. Achab, comme Adam et Abraham, se laissa guider, influencer et pousser dans le mal.

Job, d'un autre côté, reçut la pression de sa femme pour maudire Dieu. Mais Job ne voulut rien entendre et l'appela *une folle* ! Si vous ne pouvez pas rejeter l'influence erronée de votre propre femme, vous ne pouvez pas être pasteur d'une méga-église.

Un pasteur dur d'une méga-église doit pouvoir voir la folie de sa femme quand elle apparaît. Votre femme n'est ni un ange ni Dieu. Elle est juste un être humain comme tout le monde. Si vous ne pouvez pas distinguer le mal du bien, vous ne pouvez pas être pasteur d'une méga-église. Vous devez pouvoir appeler votre femme une folle si elle vous dit de maudire Dieu et de mourir !

> Et SA FEMME LUI DIT : Persévéreras-tu encore dans ton intégrité ? MAUDIS DIEU, ET MEURS.
> Mais il lui dit : Tu parles comme les femmes insensées parlent. Quoi ? Recevrions-nous le bien de la main de Dieu, et nous ne recevrions pas le mal ? En tout cela, Job ne pécha pas par ses lèvres.
>
> Job 2 : 9-10

4. Un pasteur qui construit une grande église devra prendre des décisions difficiles pour remettre sa femme à sa place.

Un pasteur d'une méga-église doit veiller à ce que sa femme ne fasse rien qui détruise l'œuvre de Dieu. Les commentaires de Michal auraient pu terminer le ministère de louange et d'adoration de David. Mais David ne le permit pas. Il poursuivit son ministère de louange et d'adoration, en dépit de ce que sa femme pensait. Il la réprimanda fortement et se détacha d'elle ! Il poursuivit son ministère de « louange et d'adoration sans retenue ».

Aujourd'hui, nous chantons tous ces psaumes du fond du cœur qui viennent d'un homme qui se donna sans retenue devant son Dieu.

> David rentra chez lui pour saluer les siens. Mais Mikal sortit au-devant de lui et lui dit : « Qu'il était glorieux, aujourd'hui, le roi d'Israël, lorsqu'il s'est donné en spectacle devant les servantes de ses serviteurs, à moitié nu comme le ferait un homme de rien ! »
> David lui répondit : « C'est en l'honneur du Seigneur que j'ai agi ainsi, lui qui m'a choisi, de préférence à ton père et à toute sa famille, pour faire de moi le chef d'Israël son peuple ; et je manifesterai encore ma joie en son honneur.
> Je m'abaisserai, je m'humilierai encore plus à mes propres yeux, mais c'est ainsi que je serai glorieux, même pour les servantes dont tu parlais. »
>
> 2 Samuel 6 : 20-22 (La Bible en français courant)

5. Un pasteur qui construit une grande église devra prendre des décisions difficiles pour sensibiliser et évangéliser.

Il faut de la force pour diriger l'église comme une armée. Il faut de la force pour diriger des chrétiens du dimanche dorlotés dans le mode d'évangélisation. Il faut de la force pour prêcher sur la nécessité de l'Évangile à des fidèles qui aiment l'argent et recherchent la prospérité.

Alors les nouvelles de ces choses vinrent aux oreilles de l'église qui était à Jérusalem ; et ils envoyèrent Barnabas pour qu'il aille jusqu'à Antioche.

Qui, lorsqu'il arriva, et qu'il eut vu la grâce de Dieu, se réjouit, et les exhorta tous d'avoir à cœur de demeurer attachés au Seigneur.

Car il était un homme de bien, et plein de l'Esprit Saint et de foi, et un grand nombre de gens fut ajouté au Seigneur.

Actes 11 : 22-24

6. Un pasteur qui construit une grande église devra prendre des décisions difficiles pour envoyer des gens ouvrir des filiales.

Il n'est pas facile d'envoyer des gens au dehors. Nous aimons rester avec les gens que nous aimons et profiter de leur compagnie. Mais c'est exactement cela qui tuera la croissance de l'église.

Et après qu'ils aient jeûné et prié, et imposé *leurs* mains sur eux, ils les laissèrent partir.

Actes 13 : 3

7. Un pasteur qui construit une grande église devra prendre des décisions difficiles pour traiter les gens différemment.

Il n'est pas facile de communiquer avec les gens selon le don de Dieu. Les gens se comparent toujours aux autres. Ils demandent : « Qu'est-ce que cette personne fait et qu'est-ce que je fais ? Qu'est-ce que cette personne reçoit et qu'est-ce que je reçois ? Où va cette personne, et pourquoi est-ce que je n'y vais pas ? ».

Parce que les leaders ont peur de traiter les gens différemment, ils gardent souvent les mauvaises personnes aux mauvais endroits pour faire les mauvaises choses.

Pierre le voyant dit à Jésus : Seigneur, et qu'*arrivera-t-il* à cet homme ?
Jésus lui dit : Si je veux qu'il attende jusqu'à ce que je vienne, est-ce que cela te concerne ? Toi, suis-moi.

Jean 21 : 21-22

8. Un pasteur qui construit une grande église devra prendre la décision difficile de construire quelque chose.

La construction implique beaucoup de choses. Néhémie souffrit beaucoup parce qu'il décida de construire les murs de Jérusalem. Construire la maison de Dieu implique souvent une guerre spirituelle et la construction en même temps.

Ceux qui bâtissaient la muraille, et ceux qui portaient les fardeaux, ainsi que ceux qui les chargeaient, *chacun* travaillait à l'ouvrage d'une main, et de l'autre *main*, tenait une arme.
Car ceux qui bâtissaient avaient chacun son épée ceinte sur son côté, *ainsi* ils bâtissaient. Et celui qui sonnait de la trompette *était* près de moi.

Néhémie 4 : 17-18

9. Un pasteur qui construit une grande église devra prendre des décisions difficiles qui font que les gens sacrifient leur argent et leurs vies.

Il n'est pas facile de demander aux gens de sacrifier leur vie. Il faut un chef dur pour envoyer des gens à une mort certaine.

Et quand Jésus entendit ces choses, Il lui dit : il te manque encore une chose ; vends tout ce que tu as, et distribue-le aux pauvres, et tu auras un trésor dans le ciel ; et viens, suis-moi.

Luc 18 : 22

10. Un pasteur qui édifie une grande église devra prendre une décision pour conduire les gens à des heures de prière.

Il n'est pas facile de conduire les gens dans de longues heures de prière. Il faut un chef dur pour forcer la congrégation de passer par la discipline de longues heures de prière.

Et il vint vers les disciples et les trouva endormis ; et il dit à Pierre : Quoi, ne pouviez-vous pas veiller une heure avec moi ?

Matthieu 26 : 40

11. Un pasteur qui construit une grande église devra prendre des décisions pour pratiquer la frugalité dans l'église.

Il n'est pas facile d'être frugal. Il n'est pas facile de conduire les gens à un style de vie frugal. Les gens se rebellent contre les difficultés. Si vous n'êtes pas un leader fort et dur, vous ne pouvez pas conduire votre organisation à la frugalité.

Lorsqu'ils furent rassasiés, il dit à ses disciples : Ramassez les morceaux qui restent, afin que rien ne soit perdu.

Jean 6 : 12

12. Un pasteur qui édifie une grande église devra prendre des décisions pour conduire la congrégation dans les périodes dures et difficiles du jeûne.

On publia dans Ninive par décret du roi et de ses nobles, disant : « Que ni homme, ni bête, ni bœuf, ni brebis, ne goûtent aucune chose ; qu'ils ne se nourrissent pas, et ne boivent pas d'eau.

Et que les hommes et les bêtes soient couverts de sacs ; et qu'ils crient puissamment à Dieu, oui, que chacun se détourne de son mauvais chemin et de la violence ».

Jonas 3 : 7-8

13. **Un pasteur qui construit une grande église devra prendre des décisions pour renvoyer certaines personnes et les remplacer par d'autres.**

Et le roi… mit la couronne royale sur sa tête, et la fit reine à la place de Vasthi.

Esther 2 : 17

14. **Un pasteur qui construit une grande église devra prendre la dure décision de faire que les gens lui rendent l'honneur qui lui est dû.**

Très souvent, un pasteur n'a personne pour dire certaines choses à sa place et il devra les dire lui-même. Apprenez à dire les choses difficiles que vous avez à dire s'il n'y a personne pour les dire à votre place.

J'ai dû dire moi-même à l'église que j'étais pasteur. J'ai dû dire à mon église comment m'adresser. À une autre occasion, j'ai dû les informer que j'étais évêque.

Et Élie lui dit : N'aie pas peur, va, et fais comme tu as dit ; mais fais-moi d'abord un petit gâteau ; et apporte-le moi, et après tu en feras pour toi et pour ton fils.

1 Rois 17 : 13

Section 13

CROISSANCE DE L'ÉGLISE ET COPIER

Chapitre 32

L'art de copier

La copie est l'art de suivre un motif ou modèle jusqu'à ce que vous ayez reproduit une bonne imitation de l'original.

Tous les pasteurs qui ont du succès ont copié quelqu'un d'autre. La croissance de l'église est réalisée par des pasteurs qui sont prêts à copier d'autres pasteurs. Il n'y a aucune honte à copier quelqu'un qui est passé par ce dont vous avez besoin.

Copier peut être un mauvais mot pour vous, mais copier n'est mal que quand c'est fait de façon illégale pendant les examens. Copier est la forme suprême d'apprentissage, et c'est la méthode d'apprentissage donnée par Dieu dont se servent les bébés et les enfants.

« Soyez un original », dit-on. Mais la réalité est que tout le monde copie quelqu'un d'autre. Tout grand leader de liturgie a copié un leader de liturgie d'ailleurs. Tout grand évangéliste a copié un autre évangéliste. Tout grand homme de Dieu est une copie d'un autre homme de Dieu quelque part.

Toute onction est une copie d'une autre onction. L'onction qui vint sur Pierre, Jacques et Jean était tout simplement une copie de l'onction qui était sur Jésus leur maître. L'onction qui était sur Élisée était simplement une autre onction de même nature que celle qui était sur Élie.

Récemment, je prenais mon petit déjeuner dans un hôtel dans un pays africain et voici qu'arrive un célèbre chanteur chrétien dont la musique et les CD sont joués partout dans le monde. Alors que nous étions assis ensemble, l'un de mes pasteurs lui posa une question :

« Qui a influencé votre ministère de musique ? »

Il répondit : « Oh, André Crouch a été ma plus grande inspiration ».

J'ai tout de suite compris pourquoi cet homme réussissait si bien. Il était tout simplement une copie de quelqu'un d'autre. Il était fier d'être une autre copie du même genre.

J'ai remarqué que tous ceux qui réussissent bien dans n'importe quel domaine sont ceux qui suivent de près une personne du même genre. Que ce soit la prédication, le chant, la guérison, le service pastoral, le principe est le même. L'œuvre de Dieu est de produire de nombreux ministres du même genre.

Apprenez à copier

Décidez de devenir pasteur d'une église importante et croissante. Vous pouvez avoir la croissance de l'église. Décidez d'être un grand homme de Dieu, décidez de devenir pasteur d'une énorme église. Comment pouvez-vous faire cela ?

La réponse est simple : copiez quelqu'un qui l'a fait avant vous. Ne recherchez pas une formule mystique de la grandeur en Dieu. Ne tournez pas autour du pot. Allez directement à la méthode de Dieu pour produire de la grandeur.

Les églises qui marchent sont servies par des pasteurs d'un certain genre. Les églises qui se développent sont servies par des hommes et des femmes d'un certain genre. Puisque c'est aussi votre vision, pourquoi ne pas devenir un autre pasteur du même genre ?

Copier est la voie de l'onction. Copier est la clé de la grandeur de Dieu. Copier est la porte ouverte qui vous permet d'entrer dans les choses du royaume.

S'il y a un grand évangéliste, un autre évangéliste du même genre sera également grand. S'il y a un pasteur oint, un autre pasteur du même genre sera également oint. S'il y a un apôtre puissant, un autre apôtre du même genre sera puissant.

Vous n'êtes ni spécial ni différent. Vous allez tout simplement devenir un autre pasteur du genre que Dieu a déjà suscité. Vous devez trouver quelqu'un avec un appel similaire et le suivre de très près.

Nous devrons bientôt retourner à la maison. Vous n'avez pas beaucoup de temps pour l'essai et l'erreur. Vous ne pouvez pas vous permettre de consacrer du temps à des expériences. Vous serez peut-être au milieu de votre expérience quand le Seigneur vous appellera.

Vous devez aller droit au but. Vous avez besoin de l'onction et vous en avez besoin rapidement ! Vous devez bien prêcher et vous devez bien prêcher maintenant ! Vous devez guérir les malades et ressusciter les morts, et vous devez faire en sorte que cela se produise dans le délai que le Seigneur vous a donné.

De combien d'années d'expérimentation allez-vous avoir besoin avant de devenir assez humble pour copier le succès de quelqu'un ?

Nous sommes tous des copies de quelque chose d'autre

Commencez par accepter que nous sommes tous des copies de quelque chose d'autre. Je ne suis pas une certaine espèce rare que le Christ a choisie pour la fin des temps. De telles pensées ne conduisent qu'à l'erreur. Je suis membre de l'armée du Seigneur. Je suis dans les rangs et je suis heureux de pouvoir copier quelque chose que l'un de mes pères a fait.

Voulez-vous édifier une grande église ?

Voulez-vous la croissance de l'église ?

Penser que vous êtes unique vous empêchera d'apprendre des exemples évidents qui sont devant vous. Dieu veut susciter davantage de pasteurs de méga-églises.

Copier est-il biblique ?

Et la terre produisit l'herbe, et la plante portant semence selon son espèce [...] et Dieu vit que cela était bon. Et Dieu créa [...] chaque créature vivante [...] selon leur ESPÈCE [...] et Dieu vit que cela était bon.

Et Dieu fit les bêtes de la terre selon leur espèce [...] et Dieu vit que cela était bon.

Genèse 1 : 12,21,25

Dieu Tout-Puissant créa les choses pour qu'elles produisent selon leur espèce. L'herbe produit une autre herbe de même espèce, les plantes produisent d'autres plantes de même espèce, et les baleines produisent d'autres baleines de même espèce. Même l'homme produit un autre homme de même espèce. Le Seigneur Dieu vit qu'un autre de même espèce était une bonne chose ! Au lieu de nous préoccuper à produire quelque chose d'une autre espèce, produisons des fruits qui soient une bonne copie.

Et Dieu dit : Faisons l'homme à notre image, selon notre ressemblance [...]

Genèse 1 : 26

Quand le Seigneur créa l'homme, Il créa quelque chose qui était comme Lui-même. Il dit : faisons quelque chose qui soit comme nous, un autre du même genre, une copie. Il y a de nombreuses ressemblances entre l'homme et Dieu, parce que nous sommes faits à Son image. Dieu est Esprit et le Père des esprits.

Les êtres humains sont aussi des esprits vivant dans des corps. Dieu le Père, Dieu le Fils et Dieu l'Esprit Saint forment la Trinité que nous connaissons.

L'homme en tant qu'esprit, âme et corps constitue également un être trinitaire. Quand les hommes suivent leur créativité et inventivité, ils copient clairement Dieu.

Chapitre 33

Pourquoi copier aidera votre ministère

Copier est la forme d'apprentissage la plus élevée et la plus rapide.

1. Copier est une méthode d'apprentissage donnée par Dieu aux enfants.

Les enfants utilisent cette méthode d'apprentissage sans effort, et c'est pourquoi ils apprennent facilement n'importe quoi. C'est pourquoi les enfants apprennent rapidement les langues. Les adultes luttent pour assimiler beaucoup de choses nouvelles. Les jeunes n'ont pas de problème pour apprendre de nouvelles choses, parce qu'ils n'ont pas d'inhibition quand il s'agit de copier.

Un jour, j'entendis quelqu'un décrire certaines personnes de son église comme des « NAT » (BBT en anglais). Puis il dit : « Je suis aussi un 'NAT' ».

Alors je lui demandai : « C'est quoi un 'NAT' ? Qui est un 'NAT' » ?

Il me répondit : « Un 'NAT', c'est quelqu'un qui est 'Né Avant la Technologie' ».

Il poursuivit : « Ces gens-là ne peuvent pas apprendre ou utiliser les ordinateurs et autres technologies modernes ».

Il s'expliqua : « Quand vous avez des 'NAT' en charge de certaines choses, l'église ne peut pas aller de l'avant ».

Je me dis : « Ce qui fait de quelqu'un un 'NAT', c'est son incapacité à apprendre quelque chose en utilisant la méthode la plus rapide d'apprentissage : la copie ! Il ne peut pas comprendre les ordinateurs, les logiciels et autres gadgets modernes, parce qu'il ne copie pas facilement ».

2. Copier est la façon de Dieu de vous rendre humble.

[…] afin qu'ainsi ils ne parviennent pas à la perfection sans nous.

Hébreux 11 : 40

Le système du monde enseigne que la façon d'être qualifié est d'aller à l'école. Mais la manière biblique de devenir quoi que ce soit dans le ministère est de copier et de suivre. Copier est la façon naturelle par laquelle Dieu reproduit des ministres. L'orgueil et la présomption nous empêcheront de devenir de grands serviteurs oints.

Pensez-y un peu : si vous étiez capable de faire autant que certaines personnes, ce serait une grande réussite. Oubliez l'idée d'éclipser les autres ! Si vous pouvez simplement être aussi bon que certains des gars devant vous, vous auriez réalisé beaucoup de choses.

Le ministère est difficile. Il faut beaucoup de grâce pour même plaire à Dieu.

Et je prierai le Père, et il vous donnera un autre Consolateur, afin qu'il puisse demeurer avec vous pour toujours ;

Jean 14 : 16

L'Esprit Saint (le Consolateur) est l'onction. Quand Jésus promit un autre consolateur du même genre, Il promettait une autre onction du même genre. Il montrait que le même genre d'onction avec laquelle Il avait accompli son ministère serait à la disposition des apôtres quand Il partirait.

La plupart des pasteurs hâteraient leur progrès dans le ministère s'ils comprenaient cette simple vérité. Il n'y a pas d'onction nouvelle ou spéciale que Dieu veuille vous donner. Il va simplement vous donner une autre onction du même genre. Même les apôtres ont reçu la promesse d'une autre onction du même genre.

Il faut de l'humilité pour admettre que vous n'êtes pas original. Quand les gens sont impressionnés par votre ministère, il n'est pas facile de révéler que votre message n'est pas original. Quand les gens sont impressionnés par votre style, il n'est pas facile de révéler que vous l'avez appris ailleurs.

Copier vous rend dépendant et moutonnier. La nature des moutons est différente de celle des serpents. C'est la nature des serpents d'être indépendant et solitaire. C'est exactement le contraire de ce que vous devez être si vous voulez marcher avec le Seigneur.

Pour être un autre du même genre, vous devrez dépendre de quelqu'un, vous devrez apprendre de quelqu'un et vous devrez suivre quelqu'un. C'est une bonne chose, parce que personne ne peut se glorifier si ce n'est dans le Seigneur qui a créé toutes choses.

Parce que vous êtes humble, les bénédictions de Dieu vont être transmises à une autre génération.

Il y aura non seulement un grand homme de Dieu pour cette génération, mais il y en aura un autre du même genre pour la prochaine génération.

3. **Copier vous amène à découvrir qu'il n'y a rien de nouveau sous le soleil.**

    La chose qui a été, c'est ce qui sera ; et ce qui est fait, est ce qui sera fait et il n'y a pas de nouvelle chose sous le soleil. Y a-t-il quelque chose dont on puisse dire : Regarde, c'est nouveau ? Elle a déjà été depuis les temps anciens, qui étaient avant nous.

    Ecclésiaste 1 : 9-10

Il n'y a en effet rien de nouveau sous le soleil. C'est un fait que vous devez accepter. Vous n'avez rien de nouveau à offrir et votre vie n'introduira rien de spécial. Comme la plupart des ministres, je pensais jadis que j'allais introduire quelque chose de nouveau. Je pensais que j'avais des dons et des idées nouvelles, que personne d'autre n'avait jamais eus.

Avec le temps, j'ai découvert que tout ce que je faisais avait été fait auparavant. Pour chaque chose que je fais et dis, j'ai trouvé des gens qui l'ont dit avant moi.

La vérité sur mon ministère est que je suis simplement de très près d'autres ministres que j'admire vraiment. Je veux être comme eux et je n'ai pas honte de le dire ! J'aime leur esprit ! J'aime leur style ! Si je peux être une copie de quelque chose qui marche, ce serait un grand accomplissement pour moi.

4. Copier est bon, parce que vous devenez quelque chose qui a déjà du succès et qui marche.

Copier vous libère de l'expérimentation. Vous êtes libéré de plusieurs années de perte de temps quand vous découvrez les principes qui ont marché à maintes reprises.

Vous n'avez pas besoin de vous faire un nouveau nom. Se faire un nom n'est pas facile. C'est pourquoi les noms sont vendus comme des franchises. Un bon nom est l'une des choses les plus précieuses sur terre. Devenir un autre du même genre veut dire que vous êtes un autre avec le même genre de nom. Copier vous donne accès à des stratégies et des formules qui ont marché pour votre genre.

Quand je décide de devenir un autre du même genre, j'ai seulement besoin de connaître les méthodes utilisées par celui que je copie. Ce qui a marché pour lui marchera pour moi. Je copie simplement les systèmes et les techniques qui ont produit des résultats pour lui. Puisque que je vais être un autre du même genre, le même genre de méthodes qui a marché pour lui marchera vraisemblablement pour moi !

5. Copier rend les choses plus faciles pour vous sur cette voie du ministère.

Beaucoup de ceux qui sont appelés au ministère ne savent pas comment marcher sur la voie du ministère. Ils savent que Dieu les a appelés, mais n'ont aucune idée comment avancer. Beaucoup d'hommes de Dieu ne savent pas comment escalader les hauteurs plus élevées du ministère. Ils voient d'autres hommes de Dieu accomplir de grandes choses, mais ne savent pas qu'ils peuvent faire de même !

La voie pour accomplir les mêmes choses est claire maintenant. Humiliez-vous et devenez un autre du même genre.

N'essayez pas d'être unique, spécial ou différent. Devenez juste une copie de quelque chose qui marche. Devenez un autre du même genre. Utilisez les techniques qu'ils ont utilisées. Suivez-les de très près. Prêchez ce qu'ils prêchent. Priez comme ils prient. Cherchez Dieu comme ils le font. Ayez une relation avec Dieu aussi étroite qu'eux. Vous deviendrez sûrement une copie merveilleuse de quelque chose qui a du succès.

6. Copier vous permet d'entrer dans de nouvelles choses plus vite.

Copier accélère votre rythme d'avancement dans la vie et le ministère. Parce que vous suivez une route bien délimitée, vous avez l'avantage de ceux qui y sont passé avant vous. Les choses qui les ont ralentis ne vous ralentiront pas. Vous avancerez plus vite à travers les obstacles, parce que votre genre vous donnera des conseils sur la façon de les surmonter.

Sans expériences et essais, tout le monde serait plus rapide. Un jour, j'allais quelque part avec quelqu'un. Il était devant moi dans sa voiture et j'étais dans la mienne. Quand il se retrouva dans un embouteillage, il m'appela et me dit de ne pas prendre le même chemin que lui parce qu'il y avait trop de circulation sur sa route. J'ai fini par arriver plus vite que lui, parce qu'il me fit éviter d'avoir à passer par son problème.

7. Copier vous aide à surmonter les problèmes

Les problèmes d'un genre particulier ont généralement la même solution. Quand vous copierez une personne, vous apprendrez les solutions qu'il a développées. Son expérience pour lutter contre les mêmes problèmes sera la vôtre.

Vous êtes-vous jamais demandé pourquoi les médecins sont calmes face à des situations d'urgence apparentes ? C'est parce qu'ils suivent les solutions qui ont été répétées à maintes reprises pour le même genre de problème.

8. Copier est la façon naturelle d'augmenter.

La façon naturelle dont toute la création se multiplie est de produire un autre du même genre.

Et la terre produisit l'herbe, et la plante portant semence selon son espèce [...] et Dieu vit que cela était bon. Et Dieu créa [...] chaque CRÉATURE vivante [...] selon leur ESPÈCE [...] et Dieu vit que cela était bon. Et Dieu fit les bêtes de la terre selon leur espèce [...] et Dieu vit que cela était bon.

Genèse 1 : 12,21,25

La façon naturelle dont l'église va passer de gloire en gloire est d'apprendre sans effronterie de ceux qui nous précèdent. Je ne conteste pas qu'il y a d'autres façons d'aller de l'avant. Mais je peux partager ce qui a marché pour moi. *Copiez ! Copiez ! Copiez !* Devenez un autre du même genre. Je veux être comme mes pères qui m'ont précédé. Je veux être exactement comme eux. Je veux être comme Jésus. Je n'ai pas besoin d'avoir des caractéristiques uniques.

9. Copier est la clé d'un grand enseignement et d'une grande prédication.

Écoutez une autre parabole : Il y avait un certain maître de maison qui planta une vigne ; et l'entoura d'une haie, il y creusa un pressoir et y bâtit une tour ; et la loua à des vignerons, et s'en alla dans un pays lointain :

Matthieu 21 : 33

Jésus enseigna la Parole de Dieu de la manière la plus belle et la plus ointe jamais connue des hommes. Les petits enfants se souviennent de ses histoires longtemps après qu'ils arrêtent de lire la Bible. Ses enseignements sont pertinents deux mille ans après qu'Il les ait donnés.

Les choses que Jésus a dites sont lues par plus de gens, citées par plus d'auteurs, traduites en plus de langues, davantage mises en musique et représentées dans l'art que n'importe quel livre jamais écrit par l'homme.

Comme quelqu'un a dit : comparer les enseignements de Socrate, Platon et Aristote à ceux de Jésus, est comme comparer une enquête avec une révélation !

Il y a des années, j'ai dit à ma bien-aimée que je voulais être un enseignant de la Parole, comme Jésus. Je me disais : « Les enseignements de Jésus ne sont pas facilement oubliés, même par les enfants ». J'ai décidé de copier Jésus. Il y a des années, avant de devenir pasteur, j'ai décidé d'enseigner et de prêcher avec des histoires.

Jésus a raconté tant d'histoires. Il disait : « Un homme avait deux fils..., un certain homme organisa une grande fête [...] il y avait un homme riche qui était vêtu de pourpre [...] un certain homme riche mourut [...] un homme se rendit à Jéricho [...] il y avait un homme riche qui avait un serviteur [...] la terre d'un homme riche avaient abondamment de produits [...] un certain noble se rendit dans un pays lointain [...] ».

Je décidai d'être un professeur comme Jésus. Je ne voulais rien être de nouveau, je voulais juste être une copie exacte de Jésus Christ.

La clé pour devenir un grand prédicateur est de copier un autre grand prédicateur. Il vous suffit de trouver un prédicateur dont le ministère touche les vies et de devenir un autre prédicateur du même genre. Apprenez à prêcher en copiant ! Ne blâmez personne pour votre prédication monotone. Ne blâmez personne si personne ne vous écoute ! Vous savez ce qu'il faut faire.

Prêchez de la même manière, enseignez de la même manière, et vous aurez beaucoup de succès. N'essayez rien de nouveau, parce qu'il n'y a rien de nouveau.

Je ne sais pas comment je pourrais être plus clair quand je dis que vous devriez « copier ». Copiez, photocopiez, photographiez, enregistrez, rejouez et répétez sans effronterie ce que ces grands hommes font. Vous allez devenir un autre du même genre !

Ceux qui sont trop fiers pour faire cela délibérément deviennent de toute façon des copies de quelqu'un. Pourquoi ne pas choisir de devenir une copie de quelqu'un que vous admirez ? Pourquoi ne pas choisir d'être une copie de quelqu'un que Dieu a envoyé dans votre vie pour vous former et être votre mentor ?

Section 14

CROISSANCE DE L'ÉGLISE ET LE TRAVAIL DUR

Chapitre 34

La croissance de l'église et le constant effort pour y parvenir

La diligence

On parvient à la croissance de l'église par un effort constant. Sans persévérance dans la recherche de la croissance de l'église, vous n'aurez jamais de méga-église. Beaucoup de pasteurs ne sont pas disposés à exercer sans relâche les efforts acharnés et exigeants qui sont nécessaires pour parvenir à la croissance de l'église. L'église, comme une ferme, exigera de vous beaucoup de travail.

La diligence est l'effort constant et sérieux pour réaliser ce qu'on entreprend. La diligence est l'effort de persévérance par votre corps et votre esprit en vue de votre objectif. Les gens veulent juste qu'on leur impose les mains pour pouvoir recevoir le don magique d'une méga-église. Mais la croissance de l'église n'arrive pas de cette façon. La croissance de l'église se produit en étant attentif et persévérant pour édifier l'église. La croissance de l'église se produit grâce à la diligence. La croissance de l'église sera accordée aux pasteurs qui croient dans la diligence. La croissance de l'église sera accordée aux pasteurs qui sont acharnés dans leur poursuite de l'agrandissement de l'église.

Sept récompenses pour vos constants efforts

1. **Les pasteurs qui exercent un constant effort pour parvenir à la croissance de l'église peuvent s'attendre à être trouvés sans tache et sans reproche.**

C'est pourquoi, bien-aimés, puisque vous attendez de telles choses, APPLIQUEZ-vous pour que vous puissiez être trouvés par lui en paix, SANS TACHE ET SANS REPROCHE.

2 Pierre 3 : 14

2. Les pasteurs qui exercent un constant effort pour parvenir à la croissance de l'église peuvent s'attendre à devenir riches par leurs travaux.

Celui qui agit d'une main lâche devient pauvre, mais la main des DILIGENTS ENRICHIT.

Proverbes 10 : 4

3. Les pasteurs qui exercent un constant effort pour parvenir à la croissance de l'église peuvent s'attendre à devenir des hommes d'autorité, responsables d'énormes églises.

La main des DILIGENTS DOMINERA, mais le paresseux sera soumis ».

Proverbes 12 : 24

4. Les pasteurs qui exercent un constant effort pour parvenir à la croissance de l'église peuvent s'attendre à être oints, prospères et à s'engraisser.

L'âme du paresseux désire, et il n'a rien ; mais l'âme des DILIGENTS SERA ENGRAISSÉE.

Proverbes 13 : 4

5. Les pasteurs qui exercent un constant effort pour parvenir à la croissance de l'église peuvent s'attendre à une abondance de membres de l'église et de sa croissance.

Les pensées d'un homme DILIGENT ne mènent qu'à l'abondance ; mais celui qui agit avec hâte tombe dans l'indigence.

Proverbes 21 : 5

6. Les pasteurs qui exercent un constant effort pour parvenir à la croissance de l'église peuvent s'attendre à avoir accès aux allées du pouvoir et de l'influence.

As-tu vu un homme DILIGENT dans son travail ? il SE TIENDRA DEVANT LES ROIS, il ne se tiendra pas devant des hommes médiocres ».

Proverbes 22 : 29

7. **Les pasteurs qui exercent un constant effort pour parvenir à la croissance de l'église peuvent s'attendre à avoir un grand ministère qui durera de nombreuses générations.**

Sois DILIGENT à reconnaître l'état de tes troupeaux, et veille bien sur ton bétail. Car les richesses ne sont pas éternelles, et la couronne dure-t-elle DE GÉNÉRATION EN GÉNÉRATION ?

Proverbes 27 : 23-24

Chapitre 35

Comment travailler dur pour avoir une méga-église

Que les anciens qui dirigent bien, soient comptés dignes d'un double honneur ; surtout CEUX QUI TRAVAILLENT DUR à la prédication et à la doctrine.

1 Timothée 5 : 17

Comment devenir un travailleur industrieux, s'occupant tout le temps de l'œuvre du Seigneur ?

Comment devenir un ministre de l'Évangile efficace, tenace et infatigable? Comment avoir une énergie acharnée pour la croissance de l'église ? Ce chapitre vise à vous montrer comment travailler dur en tant que pasteur.

1. **Travaillez dur en utilisant les heures de travail les plus productives.**

Tout vrai métier a ses propres heures de travail. Le travail du ministère a ses propres heures spéciales de travail. Ceci est souvent une source de confusion pour les gens. Ils pensent que les pasteurs doivent être au bureau de 9h à 17h comme tout le monde.

Mais ces heures sont les heures de travail productives pour les bureaux séculiers. Mais nous ne sommes ni banquiers ni comptables. Nous sommes ministres de l'Évangile !

Fini les heures de banques pour les pasteurs ! Personne ne demande aux pilotes de travailler de 9h à 17h. Tout le monde sait que leurs heures de travail sont spéciales et tout le monde accepte cette réalité.

Les ministres assistants et administrateurs de l'église peuvent avoir à travailler de 8h à 17h comme les laïques en raison de la nature de leur travail. Mais les pasteurs chargés de fidèles auront des heures de travail productives complètement différentes.

Le dimanche matin, notre église se met en route à 6h et nous partons parfois après minuit. Le dimanche est le jour le plus chargé et le plus important de l'église pour le pasteur. Un dimanche bien utilisé est comme une semaine entière de travail ! Ce devrait être le cas pour toutes les églises. Les pasteurs conseillent, visitent et donnent des cours à l'école biblique tout le dimanche. Les pasteurs qui construisent leurs églises doivent se reposer le lundi.

2. Travaillez dur en consacrant beaucoup de temps à l'église.

Quand une activité ne consomme que quelques minutes de votre temps dans une semaine, on ne peut pas dire que c'est votre « travail ». Par exemple, je conduis ma voiture quelques minutes chaque jour, mais mon travail n'est pas de « conduire » comme tel. C'est quelque chose que je fais quand je me rends sur mon lieu de travail.

Cependant, si conduire une voiture, un taxi par exemple, devenait mon travail, je ne passerais pas moins de huit heures à conduire par jour. Alors pour moi, conduire deviendrait un travail !

Vous ne pouvez pas prétendre faire le « travail » du ministère tant qu'il ne consume pas réellement un montant raisonnable de temps dans votre semaine.

Si espérer en Dieu, recevoir l'onction, la révélation et l'orientation de l'Esprit Saint n'occupent pas beaucoup d'heures et de jours dans votre semaine, alors vous ne travaillez pas encore. Pour un ministre de l'Évangile, prier et espérer en Dieu doit prendre plusieurs heures. Si c'est un travail, cela va prendre pas mal de votre temps.

Lorsque vous n'étiez pas un pasteur en train d'édifier une grande église, vous pouviez vous permettre de consacrer quelques minutes pour recevoir l'onction. Vous pouviez vous permettre de passer vingt minutes pour recevoir une révélation de la Parole. Mais maintenant que vous êtes un sérieux constructeur professionnel d'une méga-église, vous devez passer plusieurs heures et jours à espérer en le Seigneur !

3. Travaillez dur en dépensant votre argent et énergie pour l'église.

Tout le monde doit comprendre que faire le travail du ministère nécessite dépenser beaucoup d'énergie. Ne soyez pas surpris si vous êtes fatigués par votre travail de pasteur. C'est seulement un signe que vous travaillez bien. La plupart des bons emplois épuisent les employés. Ne soyez pas surpris si le ministère vous fatigue et vous épuise.

Une autre chose que vous allez dépenser, c'est de l'argent. Est-ce que ça ne vous coûte pas de l'argent d'aller au travail tous les jours ? Est-ce que vous ne dépensez pas d'argent au travail pour le déjeuner tous les jours ?

C'est la même chose avec le travail du ministère. Pourquoi vous plaindre si vous devez payer votre voyage pour aller espérer en le Seigneur ? Pourquoi vous plaindre si vous devez dépenser de l'argent pour acheter des livres et des CD dont vous avez besoin ?

Ne vous y trompez pas. Espérer en Dieu, recevoir l'onction et la révélation par l'orientation de l'Esprit est un travail difficile. Prier, rendre visite, conseiller et interagir avec les gens est un travail difficile.

Quand vous faites l'œuvre de Dieu, vous dépensez votre énergie et votre argent. Quand vous commencez à vous sentir fatigué, rappelez-vous juste que c'est un signe que vous travaillez vraiment.

4. Travaillez dur en refaisant sans cesse les mêmes choses joyeusement.

Par nature, tous vrai travail est répétitif et régulier. Si vous travaillez dur, vous accomplirez joyeusement des tâches *répétitives* et *régulières*. Même si vous vous ennuyez, vous devez continuer à faire le « travail » : prier, visiter, conseiller et interagir avec les gens (PVCI). Même si vous êtes fatigué, vous devez continuer à faire le « travail » : espérer en Dieu, recevoir l'onction, la révélation et l'orientation (EOR).

Beaucoup de pasteurs ne prient pas beaucoup, parce qu'ils estiment que c'est répétitif et ennuyeux. Mais quand la prière devient votre travail, vous devez répéter vos prières et prier régulièrement. Quand rendre visite devient votre travail, vous devez rendre visite à plusieurs reprises et régulièrement.

Il y a une différence entre une visite sociale à la maison d'un ami et une visite pastorale. Les visites pastorales doivent être effectuées à plusieurs reprises par les pasteurs. Les pasteurs de méga-église doivent intentionnellement aller régulièrement chez les membres de leur église.

Est-ce qu'on ne fait pas notre travail séculier, même quand on n'en a pas envie? Est-ce qu'on ne va pas tous au même lieu de travail à maintes reprises et régulièrement, même quand on n'en a pas envie ?

De même, celui qui prétend faire le travail du ministère doit se lever et effectuer sans cesse les tâches importantes d'un pasteur. Nous ne prions pas seulement parce que nous en avons envie. Nous prions parce que nous le devons ! Nous devons nous lever de bonne heure et intercéder joyeusement pour le peuple que Dieu nous a donné.

5. Travaillez dur sous un surveillant

À Tite, mon vrai fils selon notre foi commune […] C'est pourquoi je t'ai laissé en Crète, afin que tu mettes en ordre les choses qui en ont besoin, et que tu établisses des anciens dans chaque ville, SUIVANT QUE JE TE L'AI ORDONNÉ ».

Tite 1 : 4-5

Paul dirigea Timothée et Tite dans le ministère. Il leur dit quoi faire, où loger et même quoi dire.

Il les envoya faire des courses et remplir des missions pour le ministère.

Timothée et Tite sont de bons exemples de ministres qui ont travaillé sous la supervision d'un apôtre.

Ils ont reçu des instructions détaillées sur le bon comportement dans l'église. La réalité est que la plupart des ministres doivent être supervisés.

Malheureusement, certains adoptent une certaine attitude quand ils sont supervisés. Ils se renfrognent et boudent quand on les instruit ou les corrige. Ils menacent de partir quand on les réprimande. Ils disent : « La structure de l'église est trop rigide, trop serrée et trop inflexible. Nous avons besoin d'espace pour gérer et développer nos ministères ».

Parce que les gens supervisés sont moins payés que ceux qui ne sont pas supervisés, ils s'en vont souvent à cause de l'argent. Travailler assidument sous un surveillant ne peut que conduire à votre promotion.

6. Travaillez dur quand vous n'avez pas de surveillant

Or je vous certifie, frères, que l'évangile qui a été prêché par moi n'est pas selon l'homme. Car je ne l'ai ni reçu ni appris d'un homme, mais je l'ai reçu par la révélation de Jésus-Christ.

Galates 1 : 11-12

Paul est le meilleur exemple de ministre sans surveillant. Il n'avait pas besoin d'être supervisé. Personne ne lui dit où aller ni quoi dire. Votre appel peut être tel que vous n'avez pas besoin de surveillant.

Quand vous n'avez pas de surveillant, vous avez besoin de maturité pour entendre la voix de l'Esprit Saint. Vous avez besoin de précision pour entendre la voix de l'Esprit Saint. Vous devez pouvoir juger vous-même, puisqu'il n'y a personne autour pour vous juger.

Personne ne vous dira que vous avez tort. Personne ne vous dira quand prier, étudier ou rendre visite à quelqu'un. Dieu devra vous le dire directement.

Quand vous n'êtes pas supervisé, personne ne vous parle des changements que vous devez faire dans votre ministère ou les décisions que vous devez prendre.

Personne ne vous dit quand vous vous égaré ou quand vous êtes dans l'erreur. Vous devez juger par vous-même. Et votre jugement se doit d'être correct. Si vous n'avez pas été appelé dans ce genre de position sans surveillance, ne vous y aventurez pas, parce qu'elle vous détruira. De nombreux ministres sont devenus indépendants et autonomes, alors qu'ils auraient dû vivre et exercer leur ministère sous la supervision d'un véritable apôtre comme Paul.

7. Travaillez dur en travaillant de tout votre cœur

Car je n'ai personne, qui ait la même façon de penser, qui prendra sincèrement soin de votre état ».

Philippiens 2 : 20

Il n'y a rien de comparable que faire un travail de tout votre cœur. Travaillez pour Dieu jusqu'à ce que cela devienne votre seconde nature. Travaillez pour le Seigneur jusqu'à ce que travailler devienne pour vous un plaisir. Travaillez pour le Seigneur jusqu'à ce que vous ne puissiez plus faire la différence entre le travail et le repos.

Personne ne m'a jamais dit quoi faire dans le ministère. Je voulais naturellement prier, rendre visite à mes fidèles et les conseiller. Je voulais naturellement espérer en Dieu, recevoir l'onction, la révélation et l'orientation de l'Esprit Saint.

Notre église est plus grande aujourd'hui, et j'ai du mal à connaître les noms de chacun et de me rappeler qui ils sont. C'est presque une tâche impossible ! J'aimerais connaître la maison de chacun. J'aimerais pouvoir assister à tous leurs événements de familles importants. C'est un désir naturel. Celui qui est un vrai pasteur a ce que j'appelle un « soins naturel ».

Chapitre 36

La croissance de l'église et le travail d'un pasteur (P.V.C.I.)

[…] QU'IL TRAVAILLE, faisant avec ses mains ce qui est bon,

Éphésiens 4 : 28

Je me souviens quand j'ai commencé dans le ministère à temps plein. Les gens demandaient souvent à ma femme : « Où est votre mari ? Est-il à la maison ? »

Une dame, un de ses amis avocat, lui dit : « Ah alors votre mari ne travaille plus ! »

Ma femme répondait : « Vous ne pouvez pas imaginer comme il travaille dur ».

Ils pensaient que parce que je ne pratiquais plus la médecine, je ne travaillais plus. Beaucoup de gens pensent que tout ce que le pasteur fait est de préparer un sermon par semaine, et de le prononcer le dimanche matin. Il peut ensuite dormir jusqu'au dimanche suivant.

De nombreuses fois des gens m'ont appelé tard dans la matinée ou l'après-midi en me disant : « Salut, pasteur comment ça va ? Désolé de déranger votre sommeil ».

Je pensais : « Cet homme pense que je dors toute la journée et toute la nuit ».

Alors je répondais poliment : « Je ne dormais pas ».

Je n'ai jamais pris la peine d'expliquer ce que je faisais. « C'est une perte de temps », je me disais à moi-même.

Ces remarques et d'autres m'ont fait me rendre compte que certaines personnes pensent que le ministère est une occupation très reposante, une solution de rechange facile pour les emplois réels et difficiles.

Trois raisons pour lesquelles le ministère est un travail dur !

1. Le ministère est un travail dur, parce que Paul a enseigné que le ministère est une œuvre.

Et il a donné les uns, apôtres, les autres prophètes, les autres évangélistes, et les autres pasteurs et professeurs ; Pour le perfectionnement des saints, pour L'ŒUVRE du ministère, pour l'édification du corps de Christ :

Éphésiens 4 : 11-12

Les saints doivent être perfectionnés pour le travail. Cela veut dire que les pasteurs doivent perfectionner les saints pour qu'ils puissent se joindre au dur travail du ministère.

2. Le ministère est un travail dur, parce qu'Épaphras se donna de la peine dans le travail du ministère.

Épaphras, qui est un des vôtres, un serviteur de Christ, vous salue ; se donnant toujours de la peine pour vous dans ses prières, pour que vous demeurez parfaits, et accomplis dans toute la volonté de Dieu».

Colossiens 4 : 12

Il y avait un homme appelé Épaphras, serviteur du Christ « se donnant toujours de la peine pour vous dans ses prières ». Épaphras ne jouait pas. Il n'était pas en vacances. Il se donnait de la peine, travaillait et luttait pour le royaume de Dieu.

3. Le ministère est un travail dur, parce que Jésus a décrit les travailleurs du ministère comme des ouvriers.

Quand Jésus vit les foules lasses à cause de l'absence de berger, il dit : « La moisson est grande mais les ouvriers sont peu nombreux ».

Le mot grec traduit par ouvrier est « *ergates* », ce qui signifie un travailleur acharné, un enseignant et un ouvrier.

Le ministère est un dur labeur et de la sueur. J'ai découvert cela dans la pratique. Celui qui veut avoir une méga-église doit se rendre compte qu'il ne s'engage pas dans un jeu mais dans un véritable travail. Vous vous rendrez vite compte que la croissance de l'église n'est ni une blague ni un jeu. C'est vraiment du labeur et un dur travail. Si le ministère est un travail, qu'est-ce qu'il implique ? Quel genre de travail est le travail du ministère ?

Le travail du pasteur : PVCI

PRIER (P) VISITER (V) CONSEILLER (C) INTERAGIR (I)

1. PRIER

La prière est la force qui maintient l'église. Je crois que je dois prier pendant des heures pour l'église. Il y a une corrélation entre le temps que les anciens de l'église passent en prière pour l'église et la croissance de l'église.

En Corée, il est bien connu que les pasteurs prient de longues heures. Il n'est donc pas surprenant que les plus grandes églises du monde se trouvent dans ce pays.

Je crois que chaque pasteur à temps plein devrait essayer de prier au moins trois heures par jour. Les pasteurs laïcs et les bergers devraient prier au moins une ou deux heures par jour. Il doit y avoir de longues périodes de prière.

2. VISITATION

En Jérémie 23 : 2, Dieu dit clairement que l'un des devoirs principaux des pasteurs est de rendre visite.

C'est pourquoi ainsi a dit le Seigneur, le Dieu d'Israël contre les pasteurs […] Vous avez dispersé mon troupeau, […] et VOUS NE LES AVEZ PAS VISITÉS […]

Jérémie 23 : 2

Il est assez clair de voir à partir de cela qu'on attend des pasteurs qu'ils rendent visite à leurs brebis dans leurs maisons. Ce n'est pas comme le fait de les conseiller au bureau. C'est également différent de la prédication et de l'enseignement de la chaire. C'est un ministère spécial. Le plus grand visiteur sur cette terre fut Jésus Christ. Depuis Sa visite, le monde n'a jamais été le même.

Il y a une différence entre les membres de l'église à qui vous avez rendu visite et ceux qui n'ont jamais été visités. Les membres de l'église à qui vous avez rendu visite à leur domicile se stabilisent et ne quittent pratiquement jamais l'église.

3. CONSEILLER

Il est important d'exercer le ministère de la Parole de Dieu, en particulier par l'enseignement. Les églises fondées sur de solides enseignements bibliques ont tendance à croître. Avec les années, ces églises deviennent de plus en plus grandes. C'est comme un troupeau qui a été mis dans les champs et des champs d'herbe verte. La réaction naturelle est que le troupeau sera sain, se multipliera et croîtra.

Vous trouverez plus de croissance dans les églises qui prêchent et enseignent puissamment que dans les églises qui mettent l'accent sur les miracles.

Je crois aux miracles, mais ils ne peuvent jamais prendre la place de la Parole. Les brebis ne se nourrissent pas de miracles. Elles se nourrissent de la Parole !

4. INTERAGIR

Un berger est censé d'interagir avec ses brebis. Comment peut-il interagir correctement s'il est détaché et éloigné? Les pasteurs et les bergers doivent faire ce que j'appelle « *Pêcher en haute mer* ».

Pêcher en haute mer

Qu'est-ce que la haute mer ? La haute mer est la masse de membres de l'église qui entrent et sortent de l'église tous les dimanches matin. Beaucoup de gens fréquentent nos églises et personne ne les connaît ou même ne leur parle. Certains entrent et sortent pendant un temps et puis s'en vont.

C'est le devoir des bergers et des pasteurs de plonger dans ce que j'appelle la haute mer et de *pêcher en haute mer*. Ils doivent circuler dans la foule des visages inconnus et interagir avec eux. Ils doivent devenir ami avec des inconnus, parler avec eux, savoir où ils vivent et établir une ligne d'amitié.

Tout le monde veut se faire connaître et se sentir important. Quand les gens ne sont pas connus, ils s'en vont dans un endroit où ils peuvent être connus et se sentir importants. Tous les êtres humains ont un besoin psychologique d'être identifiés et reconnus ! C'est à ce besoin que nous essayons de répondre en « *pêchant en haute mer* ».

Quand tous les pasteurs pêcheront en haute mer, ils apprendront à connaître les gens qui n'appartiennent pas à de petits groupes au sein de l'église, mais qui ont pourtant besoin de visites et de soins pastoraux.

Pêcher en haute mer aide à établir des visiteurs qui « flottent » dans l'église.

C'est pourquoi il est important que les pasteurs et bergers laïcs soient à l'église le dimanche et s'impliquent dans cette interaction de la plus haute importance - *la pêche en haute mer*. Ce n'est pas seulement le pasteur qui prêche qui a du travail à faire.

J'aime m'attarder dans l'église pendant des heures après le service, où j'interagis avec différentes personnes et rencontre différents groupes.

Je ne suis ni premier ministre ni une star pop. Je suis pasteur. Les pasteurs ne sont pas des stars du cinéma. Ce sont des bergers qui sont censés se mêler à leurs brebis. La Bible dit que les brebis connaissent la voix du bon pasteur. Comment peuvent-elles connaître votre voix si elles ne vous voient même pas ?

Chapitre 37

La croissance de l'église et la tâche de prendre garde à soi (E.O.R.)

Prends garde à toi-même et à la doctrine persévère dans ces choses ; car en les faisant, tu te sauveras toi-même, et ceux qui t'écoutent.

1 Timothée 4 : 16

Prenez garde à vous-même afin de pouvoir devenir pasteur d'une méga-église. Le ministère dépend de vous parce que vous êtes le pasteur. Si vous échouez, tout va échouer avec vous. Vous devez vous investir. Vous devez vous protéger et vous aider vous-même.

La tâche de prendre garde à vous-même comprend quatre choses principales, tout comme le travail de pasteur d'une église comprend quatre choses principales. Les quatre choses principales dont vous avez besoin pour prendre garde à vous-même sont les suivantes : Espérer en Dieu, la réception de l'Onction, de la Révélation et de l'orientation de l'Esprit Saint (E.O.R.).

La tâche de vous sauver vous-même : EOR

ESPÉRER (E) ONCTION (O) RÉVÉLATION (R)

1. ESPÉRER

Nous devons espérer en le Seigneur! Apprenons bien nos leçons. En Son temps, Il dira où aller, quoi faire et quoi dire. Les pasteurs et les bergers doivent s'efforcer de s'éloigner de leurs horaires chargés et d'espérer en Dieu pour de longues périodes de temps. Jésus lui-même se retira dans le désert et à la montagne pour prier. Prier des journées entières en retraite est un aspect très important du calendrier d'un pasteur.

Attendre implique en fait de s'arrêter, de ralentir et de ne pas foncer tête baissée.

Le ministère est spirituel du début à la fin.

Le ministère à plein temps implique toujours la prière et le ministère de la Parole.

[...] Il n'est pas raisonnable que nous négligions la parole de Dieu, pour servir aux tables [...] Et pour nous, nous nous adonnerons constamment à la prière et au ministère de la parole.

Actes 6 : 2-4

Pierre a clairement indiqué que son travail n'était ni l'organisation des tables, ni l'organisation de la nourriture pour les membres de son église. Son devoir était la prière et le ministère de la Parole.

2.   **ONCTION**

Comment Dieu a oint Jésus de Nazareth de l'Esprit Saint et de puissance, qui allait de lieu en lieu faisant du bien et guérissant tous ceux qui étaient opprimés par le diable ; car Dieu était avec lui.

Actes 10 : 38

Vous recevrez plusieurs onctions au cours de votre vie. Différents dons vous seront communiqués à des moments différents. Ces différents dons vous sont donnés à des moments différents en fonction de ce que vous faites dans le ministère. Vous ne pouvez pas faire la bonne œuvre d'édification de grandes églises à moins d'avoir reçu l'onction pour le faire.

L'onction est l'Esprit Saint et Jésus nous a enseigné à prier pour recevoir l'Esprit Saint. Vous devez passer des heures et des heures en prière pour recevoir l'Esprit Saint. Dieu vous donnera ce que vous demandez.

Outre la réception de l'Esprit Saint le jour de la Pentecôte (Actes 2 : 4), les dons de l'Esprit Saint furent répandus à plusieurs autres reprises.

Jésus souffla sur les disciples lors d'une réunion et leur dit de recevoir l'Esprit Saint (Jean 20 : 22).

À une autre occasion où les disciples étaient rassemblés, ils furent remplis à nouveau de l'Esprit Saint et reçurent le pouvoir d'accomplir des miracles, des signes et des prodiges (Actes 4 : 31).

3. RÉVÉLATION

Afin que le Dieu de notre Seigneur Jésus-Christ, le Père de gloire, vous donne l'esprit de sagesse et de révélation dans sa connaissance

Éphésiens 1 : 17

La révélation pour prêcher

La révélation est un exemple de communication et de divulgation que Dieu donne à Ses serviteurs. Dieu révèle Sa parole et Sa volonté à ceux qu'Il aime.

Avez-vous déjà pensé à cela ? La révélation est la seule chose qui vous met au-dessus de vos fidèles et vous permet de les conduire.

Pensez-y. Si Dieu vous a révélé quelque chose qu'Il n'a pas révélé à d'autres, Il doit considérer que vous êtes différent. La révélation est ce qui vous distingue du chrétien ordinaire.

Kenneth Hagin a partagé comment il avait prié pour recevoir l'esprit de sagesse et de révélation des années et des années. C'est également devenu ma prière quand je cherchais le Seigneur.

Étudie pour te présenter approuvé à Dieu, comme un ouvrier qui n'a pas à avoir honte, divisant droitement la parole de vérité.

2 Timothée 2 : 15

Recevoir la révélation est essentiel au succès de votre ministère. La révélation comprend plusieurs parties. La révélation peut venir de la parole de Dieu ou de visions et de rêves. Un pasteur doit passer son temps à chercher la révélation de Dieu. L'esprit de révélation est évident quand une personne prêche ou enseigne la parole de Dieu.

La révélation de la Parole de Dieu est la forme la plus belle de révélation, et vous devez passer du temps à la rechercher. « Jamais personne n'a parlé comme cet homme » diront-ils, quand l'Esprit de révélation viendra sur vous.

Dix façons de recevoir la révélation

1. Vous recevez la révélation quand vous écoutez les messages oints des prêcheurs et enseignants de la Parole de Dieu. (Éphésiens 4 : 11-12).

2. Vous recevez la révélation quand vous étudiez la Parole de Dieu en lien avec les sermons et les messages que vous avez récemment entendus. (2 Timothée 2 : 15)

3. Vous recevez la révélation quand vous étudiez la Parole de Dieu et recherchez le sens profond des mots dans la Bible. (2 Pierre 1 : 21).

4. Vous recevez la révélation quand vous discutez avec d'autres pasteurs, enseignants et prophètes. (Actes 13 : 1-3).

5. Vous recevez la révélation quand vous lisez les vraies histoires de la vie d'hommes de Dieu qui vous ont précédé. (Actes 1 : 1).

6. Vous recevez la révélation quand vous étudiez les rêves et visions de prophètes bien reconnus. J'ai reçu beaucoup de révélations pour ma vie en étudiant les visions et rêves de Kenneth Hagin et de Rick Joyner. (Jean 20 : 17-18).

7. Vous recevez la révélation quand Dieu vous rappelle quelque chose d'important. Ne le prenez pas à la légère quand vous vous rappelez soudain de quelque chose que vous aviez oublié. (Jean 14 : 26.)

8. Vous recevez la révélation quand le Seigneur met un fardeau sur votre cœur. (Jérémie 23 : 32-40).

9. Vous recevez la révélation quand Dieu imprime quelque chose sur votre cœur par le témoin intérieur. (Romains 8 : 16).

10. Vous recevez la révélation quand Dieu vous parle à travers un rêve ou une vision. (Actes 16 : 9).

La révélation pour guider

Car tous ceux qui sont conduits par l'Esprit de Dieu, sont les fils de Dieu.

Romains 8 :14

L'un des aspects essentiels de la révélation est l'orientation qu'elle apporte. Vous devez être conduit par l'Esprit Saint dans tout ce que vous faites pour Dieu. Chaque détail compte pour Dieu. Il veut savoir et Il veut diriger. Vous ne pouvez pas passer à la radio simplement parce que tout le monde le fait.

Quand vous êtes conduit par l'Esprit de Dieu, vous devenez fils de Dieu. Un fils de Dieu est un être surnaturel qui opère par les pouvoirs qui lui sont accordés par son père céleste.

Être conduit par l'Esprit de Dieu vous incite à avoir un ministère surnaturel. C'est surnaturel d'avoir des milliers de personnes qui se réunissent tous les dimanches pour écouter votre sagesse.

Kenneth Hagin a dit que la différence entre les ministres est leur capacité à être conduits par l'Esprit de Dieu.

L'un des principaux devoirs d'un ministre est d'attendre et de chercher l'orientation surnaturelle concernant tout ce qu'il fait. Espérer en Dieu pour recevoir l'orientation surnaturelle n'est pas une petite tâche. C'est un gros travail qui vous prendra des heures, des jours et des semaines à la recherche de la volonté de Dieu.

Deux ingrédients qui manquent

Il y a deux choses qui manquent souvent dans la vie d'un ministre : les *manifestations* de Dieu et la *présence* de Dieu. L'orientation surnaturelle et l'obéissance à la volonté de Dieu sont essentielles aux manifestations et à la présence du Seigneur. Vous devez entrer en relation avec les ministres non seulement à cause de leurs bonnes doctrines. Vous devez entrer en relation avec eux parce que vous sentez la présence de Dieu dans leur vie.

Pourquoi vous donner la peine de vous rapprocher de ministères qui n'ont pas de gloire spirituelle ? De ministères dont la gloire du Seigneur a disparu. Pourquoi s'occuper de quelqu'un avec qui Dieu n'est pas ?

Comment exercer le ministère avec la manifestation de Dieu

La clé des manifestations de Dieu est l'obéissance à Sa parole. Que cette parole vienne de la lecture de la Bible ou d'un rêve, vous devez lui obéir. C'est la seule chose que vous pouvez faire pour Lui montrer que vous L'aimez. Dieu se manifestera à vous lorsque vous obéirez à Ses instructions. Lisez vous-même la promesse des manifestations de Dieu :

Celui qui a mes commandements, et qui les garde, c'est celui-là qui m'aime et celui qui m'aime sera aimé de mon Père, et je l'aimerai, et je me MANIFESTERAI à lui.

Jean 14 : 21

Comment exercer le ministère avec la présence de Dieu

Vous devez chercher à obéir à la volonté de Dieu quand Il vous la montre. C'est la clé de la présence du Seigneur. La présence de Dieu viendra sur vous parce que vous obéissez aux paroles et instructions pour votre vie. Lisez vous-même la promesse de la présence de Dieu :

Jésus répondit et dit : Si un homme m'aime, il gardera mes paroles et mon Père l'aimera, et nous viendrons à lui, et ferons notre demeure chez lui.

Jean 14 : 23

Section 15

CROISSANCE DE L'ÉGLISE ET LES IMPRESSIONS EXTÉRIEURES

Chapitre 38

Croissance de l'église et impressions extérieures

[...] afin que vous ayez de quoi *répondre* à ceux qui se glorifient en apparence, et non pas du cœur.

2 Corinthiens 5 : 12

La Bible nous enseigne à avoir de quoi répondre à ceux qui se glorifient dans les apparences extérieures. Il y a toujours des gens qui vivent et prennent des décisions uniquement d'après les apparences extérieures. La plupart des gens de nos églises sont charnels. Les charnels jugent habituellement selon les apparences extérieures, parce qu'ils ne sont pas spirituels.

Que vous le vouliez ou non, les apparences extérieures comptent pour la croissance de l'église. Pour avoir une méga-église, vous devez pouvoir impressionner et entrer en relation avec beaucoup de charnels qui jugent selon les apparences extérieures.

Une fois que vous avez affaire à des gens, vous avez affaire avec les apparences extérieures. En fait, le Seigneur ne regarde pas aux apparences, mais aux hommes. « Car le SEIGNEUR ne regarde pas à ce que l'homme regarde ; l'homme regarde à l'apparence extérieure, mais le SEIGNEUR regarde au cœur » (1 Samuel 16 : 7). Si l'homme regarde à l'apparence extérieure, alors vous avez besoin de mettre vos apparences extérieures en ordre.

Dix domaines dans lesquels les impressions extérieures sont importantes

1. L'apparence extérieure du bâtiment de votre église influencera la croissance de votre église.

Votre église se trouve-t-elle dans un immeuble délabré et en mauvais état ? Votre église est-elle peinte ? Est-elle propre ?

Y a-t-il des ordures partout ? Y a-t-il un signe accueillant et bien conçu pour diriger les gens vers le service ? Le bâtiment de votre église est-il chaud, étouffant et sans aération ?

2. **L'apparence extérieure de l'emplacement du bâtiment de votre église influencera la croissance de votre église.**

Votre église est-elle située dans un endroit peu recommandable ou dangereux ? Les gens ont-ils peur de venir dans cette région ? L'emplacement de votre église influencera définitivement les gens qui y viennent.

3. **L'apparence extérieure de votre podium influencera la croissance de votre église.**

Votre podium est-il bien éclairé et bien organisé ? Ou est-il surchargé ? Les instruments sont-ils bien arrangés et positionnés sur le podium ?

Y a-t-il de la symétrie sur le podium ? Le podium est-il simplement une collection d'objets bizarres, dont beaucoup ne sont pas utilisés au cours du service ?

Quelle est la nature de vos décorations ? Votre podium a-t-il l'air international ? Ou avez-vous laissé quelqu'un n'ayant pas de bon goût décorer votre podium en fonction de ses faibles normes ?

4. **L'apparence extérieure du pasteur influencera la croissance de votre église.**

Est-ce que vous êtes bien habillé ? Votre costume est-il deux tailles trop grand ? Avez-vous tellement repassé vos vêtements qu'ils sont devenus des fantômes rigides et lustrés de l'original ? Vos chaussures sont-elles poussiéreuses ? Votre chemise est-elle trop large aux épaules ? Vos dents sont-elles jaunes ?

Avez-vous des dents qui manquent et vous font ressembler à Dracula quand vous souriez ? Avez-vous des dents non alignées ou qui penchent dans la mauvaise direction et vous font ressembler à un prédateur, quand vous parlez aux fidèles ?

Vous avez peut-être besoin d'un dentiste pour corriger tout cela. Vous serez surpris de voir comment l'amélioration de l'apparence de vos dents peut conduire à la croissance de l'église.

5. L'apparence extérieure de l'épouse du pasteur influencera la croissance de votre église.

L'épouse du pasteur est-elle bien coiffée ? Ou ses cheveux sont-ils tout simplement un chiffon noir huileux jeté sur sa tête ?

Prend-elle la peine de se faire belle ? A-t-elle de belles robes et de belles chaussures? Sourit-elle ? Est-elle sympathique ? Est-elle hospitalière ? Ou est-elle méchante et querelleuse ? Ressemble-t-elle à une sorcière ?

A-t-elle un regard sombre et hostile ? Est-ce qu'elle est constamment déprimée et d'humeur noire ?

Les caractéristiques extérieures négatives de l'épouse d'un pasteur influenceront définitivement la croissance de l'église.

6. L'apparence extérieure des enfants du pasteur influencera la croissance de votre église.

Des petits galopins débraillés et aux pieds nus qui courent dans tous les sens ne vont pas aider votre église à grandir. Si les enfants du pasteur portent constamment des vêtements mal ajustés et sales, cela ne va pas améliorer l'image extérieure de votre église. Une église florissante et prospère n'a pas de petits enfants qui ressemblent à des mendiants ou des enfants de mendiants qui courent partout.

7. L'apparence extérieure des pasteurs associés influencera la croissance de votre église.

Vos pasteurs associés ressemblent-ils à un groupe de vaux-rien ? Sont-ils des leaders importants de la congrégation ? Sont-ils bien habillés ? Vos pasteurs associés agissent-ils comme des poules mouillées exsudant constamment la timidité et la fausse humilité ? Ont-ils constamment un sourire penaud ?

Cherchent-ils constamment à plaire aux membres plus riches de la congrégation ?

Vos pasteurs assistants ont-ils des voitures ? Sont-ils des gens heureux qui respirent la confiance, la loyauté et l'unité ?

8. L'apparence extérieure de la voiture du pasteur influencera la croissance de votre église.

Votre voiture est-elle le plus ancien modèle de cette marque ? Est-ce qu'elle tombe toujours en panne et vous oblige à demander qu'on vous conduise et fasse des courses pour vous ? Cela n'aidera pas la croissance d'église.

Votre voiture est-elle la plus chère de l'église ? Pourquoi voulez-vous passer pour le membre le plus riche de votre église ? Êtes-vous homme d'affaires ou pasteur ?

Pourquoi ne pas plutôt joindre de la congrégation et être considéré comme une personne moyenne, ni le plus riche ni le plus pauvre ?

9. L'apparence extérieure des portiers influencera la croissance de votre église.

Vos portiers ressemblent-ils à de maigres renards affamés prêts à voler les offrandes du panier ? Ou ressemblent-ils à de dignes messieurs qui sont d'humbles serviteurs de la maison du Seigneur ? Savent-ils marcher avec dignité et bien se tenir ?

10. L'apparence extérieure des choristes et des musiciens influencera la croissance de votre église.

Vos choristes et musiciens ont-ils belle allure ? Prennent-ils soin de leurs cheveux et portent-ils de beaux vêtements ? Sont-ils si maladroits qu'ils ne peuvent pas entrer dans leurs vêtements ni marcher sur le podium ?

Ont-ils de belles voix ou hurlent-ils dans le micro tous les dimanches ? Sont-ils des adorateurs du Seigneur toujours souriants et heureux ?

Section 16

LA CROISSANCE DE L'ÉGLISE ET LES FEMMES

Chapitre 39

Dix raisons pour lesquelles les femmes font grandir l'église

Les femmes sont l'un des plus grands atouts qu'une église puisse jamais avoir. Satan a déployé son arme de tromperie pour maintenir les femmes hors de la main-d'œuvre. On a décrit les femmes comme le groupe le plus dangereux prêt à détruire l'homme de Dieu et son ministère. Il est vrai que de nombreuses femmes bizarres ont exactement fait cela !

Toutefois, ce même groupe de personnes apparemment dangereuses détiennent la clé de la croissance de l'église. Les femmes croient plus rapidement et sont plus prêtes à suivre le serviteur de Dieu. Quand on commence une église, les femmes sont souvent le plus grand trésor que l'apôtre puisse avoir.

1. **Les femmes feront grandir votre église, parce qu'elles ont aidé Jésus dans Son ministère. Dans la Bible, des femmes ont suivi Jésus et L'ont aidé.**

Si les femmes ont aidé Jésus, je voudrais qu'elles m'aident aussi. Si Jésus a eu besoin de l'aide des femmes, vous en aurez aussi besoin. Jésus avait un ministère très étendu. Il s'est rendu dans de nombreuses villes et villages pour prêcher l'Évangile. Les douze disciples étaient avec Lui lors de ces tours de prédication, ainsi que certaines femmes qui Le servaient. Les femmes sont toujours présentes là où on l'on porte du fruit !

Et il arriva après cela, qu'Il traversa villes et villages, prêchant et démontrant les bonnes nouvelles du royaume de Dieu ; et LES DOUZE ÉTAIENT AVEC LUI, ET AUSSI CERTAINES FEMMES qui avaient été guéries d'esprits diaboliques et d'infirmités : Marie appelée Magdeleine, de laquelle ils étaient sortis sept diables ; Et Jeanne, femme de Chuza, régisseur

d'Hérode, et Suzanne, et beaucoup d'autres, qui l'assistaient de leurs biens.

Luc 8 : 1-3

2. **Les femmes feront grandir votre église, parce que l'apôtre Paul s'est servi de femmes dans son ministère.**

Si les femmes ont aidé l'apôtre Paul à tant faire pour Dieu, elles doivent avoir une certaine importance, plus que celle de préparer des pâtés de viande, de servir le thé ou de frire du poisson ! Les femmes peuvent être compagnons de travail avec les apôtres dans le ministère.

Et je te prie aussi, vrai compagnon, aide CES FEMMES QUI ONT TRAVAILLÉ AVEC MOI pour l'évangile, avec Clément aussi et avec mes autres compagnons d'œuvre, dont les noms sont dans le livre de vie.

Philippiens 4 : 3

3. **Les femmes feront grandir votre église, parce qu'elles reconnaissent l'onction et croient en elle plus vite que les hommes.**

En effet, les femmes sont les fils sous tension de l'onction. Elles reçoivent, elles détectent et elles croient dix fois plus vite que l'homme moyen.

Abigail reconnut que David allait devenir roi et elle l'honora, alors que son mari s'endurcit et résista.

La femme affligée par la perte de sang reçut l'onction, alors que Pierre, Jacques et les autres ne ressentirent et ne reçurent aucune onction de guérison à la croisade.

Marie Madeleine se rendit au tombeau le dimanche de Pâques et fut la première à faire l'expérience de la résurrection, alors que Pierre, Jacques, Jean et les autres apôtres puissants étaient recroquevillés dans l'incrédulité et la dépression.

Vous avez peut être entendu parler du Réveil de la rue Azusa, dont le leader était William Seymour.

Il y avait un homme du nom de Charles Parham qui fut le père spirituel de William Seymour et le directeur de l'école biblique où William Seymour est allé.

Le pentecôtisme est né quand Charles Parham a enseigné à ses étudiants de la Bible (y compris William Seymour) pour qu'ils reçoivent l'Esprit Saint et parlent en langues dans son école biblique, alors que lui-même ne parlait pas encore en langues.

Agnès

Une dame appelée Agnès fit pression sur Charles Parham pour qu'il prie pour elle et qu'elle reçoive cet Esprit Saint.

Charles Parham était réticent à prier pour elle, mais elle le pressa. Quand Charles Parham pria pour elle, une lueur vint sur elle et elle reçut l'Esprit Saint et se mit à parler couramment en chinois. Elle reçut même la capacité d'écrire en chinois. Ceci fut apparemment attesté par le gouvernement.

De façon étonnante, le réveil de la rue Azusa et le mouvement pentecôtiste mondial commença par cette dame qui fut la première à croire dans ce don du parler en langues et à le recevoir.

C'est après cela que William Seymour partit pour la Californie et commença ce que nous connaissons sous le nom du Réveil de la rue Azusa (Azusa Street Revival). En fait, William Seymour lui-même n'avait pas encore reçu l'Esprit Saint quand il partit pour la Californie.

4. **Les femmes feront grandir votre église, parce que dans le dessein de Dieu, le diable est détruit par les femmes.**

Les femmes vont détruire le diable. L'ancienne prophétie qui témoigne de ce fait est que les femmes écraseront la tête du serpent. Grâce aux femmes, vous détruirez le diable, cet antique serpent qui trompa le monde.

Je mettrai inimitié entre toi et la femme, entre ta postérité et sa postérité : celle-ci t'écrasera la tête, et tu lui blesseras le talon.

Genèse 3 : 15

5. Les femmes feront grandir votre église, parce que ce sont elles qui enfantent.

Partout où il y a des femmes il y a des enfants, des progénitures et des fruits. Dans le monde naturel, les femmes donnent naissance aux enfants et les nourrissent. Dans le ministère, on observe la même chose. Partout où il y a des femmes, il y a beaucoup d'enfants spirituels.

D'une certaine manière, les femmes attirent d'autres personnes à l'église et en convainquent un grand nombre à venir. Elles sont les premières à croire et les premières à convaincre les autres à rejoindre l'église.

6. Les femmes feront grandir votre église, parce que les femmes sont de bons pasteurs.

Les femmes ont le don naturel de la parole. Elles ont ce don parce qu'elles parlent toujours aux enfants en les élevant. Ce don de la parole peut être parfaitement transposé dans le ministère comme conseil, enseignement et interaction.

J'ai observé des femmes prendre soin des autres et construire de grandes églises. Dieu se servit d'Aimée Semple McPherson pour édifier la dénomination Foursquare Church, aujourd'hui un ministère en plein essor.

7. Les femmes feront grandir votre église, parce que les femmes sont de bonnes aides.

Les femmes sont des aides naturelles, car elles ont été créées par Dieu pour aider. Chaque femme a un sens inné qui fait d'elle une aide naturelle. Les femmes cherchent quelqu'un à aider.

Beaucoup de femmes sont entrées en mariage dans l'espoir de remplir leur vocation divine d'aider quelqu'un. Malheureusement, les blessures et la confusion du mariage ne leur permettent pas d'utiliser leur don de l'aide. Dans l'église, de nombreuses femmes peuvent exprimer ce don naturel de l'aide.

8. Les femmes feront grandir votre église, parce que ce sont des travailleuses fidèles.

Une église croît proportionnellement au nombre de gens permanents et fidèles dont elle dispose. Les hommes sont connus pour changer d'emploi au moins quatre fois dans leur vie, alors que de nombreuses femmes conservent le même emploi toute leur vie. Une église remplie de gens fidèles et loyaux est une grande bénédiction.

9. Les femmes feront grandir votre église, parce qu'elles sont moins préoccupées par l'argent que les hommes.

Les femmes ne sont habituellement pas aussi intéressées par l'argent que les hommes. Elles semblent être plus satisfaites si elles se sentent en sûreté, en sécurité et heureuses. De manière générale, je préfère avoir des femmes pour compter l'argent de l'église. De manière générale, je préfère avoir des femmes dans certains postes sensibles.

10. Les femmes feront grandir votre église, parce que les plus grandes églises du monde se sont servi de femmes pour édifier leurs églises.

Le pasteur David Yongi Cho raconte comment les femmes ont fidèlement servi comme chefs de cellules et ont aidé à édifier son église.

Un jour, j'ai prêché dans une grande église qui pouvait recevoir douze mille personnes. C'était l'une des plus grandes églises de ce pays. Dans ce service, j'étais étonné de ne pas trouver plus d'une vingtaine d'hommes parmi les douze mille femmes. Les femmes sont étonnantes !

Section 17

CROISSANCE DE L'ÉGLISE ET LA RADIO, LA TÉLÉVISION ET LE BUS

Chapitre 40

Comment la radio, la télévision et les bus font grandir une église

[...] selon le prince de la puissance de l'air [...]

Éphésiens 2 : 2

Une vision

Un prophète partagea une vision. Dans cette vision, il se trouvait dans la rue et y donnait son témoignage. Personne ne l'écoutait et il n'allait pas loin avec son évangélisation. Puis il rencontra un ange qui lui demanda ce qu'il faisait. Il expliqua à l'ange qu'il menait une campagne de sensibilisation en faisant de l'évangélisation de maison en maison et en donnant son témoignage de porte-à-porte.

Alors l'ange lui dit : « Suis-moi, je vais te montrer une autre façon ».

L'ange l'emmena vers un très long poteau planté dans le sol et monta avec lui jusqu'à son sommet. L'ange lui dit : « Appelle les gens d'ici et parle-leur de cet endroit ».

Alors que le pasteur était assis au sommet du poteau et y exerçait son ministère, la foule commença à se rassembler et à venir à lui. Il était étonné de la réponse qu'il recevait en parlant du haut du poteau.

Le Seigneur lui dit : « arrête l'évangélisation de-porte-à-porte et appelle les gens à travers les ondes. Je bénirai ton ministère quand tu appelleras les gens à travers les ondes ».

Cette vision est une révélation de l'importance du ministère de la radio et de la télévision pour la croissance de l'église. Les médias ont un rôle important à jouer dans notre monde actuel. Satan est le prince de la puissance de l'air. Il domine les ondes et l'église doit se lever pour prendre le contrôle des ondes et le dominer par l'évangile de Jésus Christ. Le ministère des médias est un combat contre le prince de la puissance de l'air !

Onze étapes pour un ministère de la radio efficace

1. CROYEZ DANS LE MINISTÈRE DE LA RADIO. Quoi que vous fassiez qui ne vienne pas de la foi est péché. Ce que vous faites par la foi marchera. Vous déplacerez des montagnes et traverserez des fleuves quand vous vous lancerez dans le ministère de la radio. Comprenez les avantages et les bénédictions d'un ministère de radio. Vous devez savoir que vous atteindrez des gens à travers la radio que vous ne pouvez pas atteindre autrement.

2. SOYEZ CONDUIT PAR L'ESPRIT avant de vous lancer dans un ministère de radio. Priez à propos du ministère de la radio et présentez-le au Seigneur. S'Il vous donne la paix à ce sujet, alors allez-y. Si ce n'est pas Sa volonté ou Son moment, alors ne vous en approchez pas. Si vous êtes conduits par l'Esprit pour passer à la radio, ce sera une bénédiction pour l'église. Si vous n'êtes pas conduits par l'Esprit pour passer à la radio, cela ne vous aidera pas.

3. Ayez une émission de radio TÔT LE MATIN dans votre ville. Votre voix doit être entendue tous les matins dans votre ville. On doit entendre votre voix prêcher, prier pour les gens et exercer le ministère pour tous ceux qui se branchent.

4. Ayez une émission de radio TOUS LES JOURS. Pour que votre ministère de radio soit efficace, il doit être diffusé chaque jour ou chaque jour de la semaine.

5. PRÉPAREZ votre émission de radio comme vous prépareriez un sermon pour le dimanche. Dans tout travail il y a du profit, et votre diligence vous vous trouverez devant les rois. N'allez pas au studio sans préparation pour bafouiller pendant l'émission.

6. EXERCEZ VOTRE MINISTERE ENVERS LES GENS à la radio comme s'ils étaient en face de vous. Parlez comme si vous parliez à des milliers. Ne vous demandez pas si les gens sont à l'écoute ou non. Beaucoup de gens vous écoutent.

7. PRIEZ POUR LES GENS à la radio. Les gens aiment qu'on prie pour eux. Priez avec des prières puissantes en utilisant le langage de la Bible Louis Segond, des Psaumes et des mots semblables.

8. N'oubliez jamais d'inviter LES GENS à venir à votre église. Utilisez à bon escient votre temps à la radio. Dites aux gens ce qu'il faut faire et ils vous obéiront. Invitez-les à venir vous voir, pour que vous puissiez continuer votre ministère de puissance et d'onction envers eux.

9. FAITES DES APPELS D'AUTEL pour le salut et la guérison. Le salut ne doit jamais passer à l'arrière-plan de votre ministère. Jésus Christ est venu dans ce monde pour sauver les pécheurs. Utilisez la radio pour conduire les gens à Jésus Christ. Tout ministère fleurit s'il est fondé sur Jésus Christ.

10. DEMANDEZ DE L'AIDE au bon moment. N'ayez pas honte de demander de l'argent. Demandez et vous recevrez, frappez et l'on vous ouvrira. Le travail d'un pasteur comprend la demande d'aide pour le ministère.

11. Mais rappelez-vous qu'il y a un temps pour tout. Ne commencez pas votre ministère de radio en demandant de l'argent. La première chose à faire est d'exercer le ministère de la parole de Dieu.

Étapes pour un ministère de la télévision efficace

1. Reconnaissez et croyez dans la puissante influence du ministère de la télévision. Sachez que passer à la télévision vous fait connaître et rend votre église visible. Être connu et

visible fait de votre église une bonne option quand les gens cherchent une bonne église.

Il y a des moments où les gens vont fréquenter votre église en réaction directe à votre émission de télévision.

Soyez conscient que votre émission de télévision n'amènera pas nécessairement plus de gens à fréquenter votre église.

2. Décidez de faire du ministère de télévision seulement quand le Seigneur vous pousse à le faire. Soyez toujours guidé par l'Esprit de Dieu. Ne faites pas des choses parce que tout le monde les fait.

3. Prenez le temps de savoir exactement ce que sont les exigences d'avoir un ministère de télévision. Il y a beaucoup de coûts cachés dans un ministère de télévision.

4. Achetez du matériel peu coûteux lorsque vous débutez dans un ministère de télévision. N'écoutez pas les techniciens qui vous conseillent d'acheter des trucs super chers qui ne sont pas vraiment nécessaires.

5. Formez vos propres personnes à apprendre lentement les aspects techniques du ministère de la télévision. Rien ne presse. Après avoir formé des gens ordinaires à faire une émission de télévision, votre coût de production sera presque nul. Si vous ne formez pas vos propres personnes, vous aurez un coût de production très élevé qui détruira votre ministère de télévision.

6. Produisez une émission de télévision de qualité ! Comparez vos émissions avec d'autres ministères de télévision réussis et essayez de les imiter. L'émulation est la clé pour rattraper et aller de l'avant. N'ayez pas honte d'être un imitateur.

7. Gardez toujours le nom de votre ministère sur l'écran. Montrez aux gens comment ils peuvent vous atteindre et rendez-le facile pour eux. Beaucoup de gens regardent des émissions de télé pendant vingt minutes sans savoir qui parle ou quel ministère est présenté.

8. Développez un excellent site Web qui viendra compléter votre ministère de la télévision. Si vous ne pouvez pas être à la télévision, vous pouvez avoir un site Web qui montre vos programmes. Vous pouvez avoir plus de succès sur le site qu'à la télévision. L'internet va bientôt prendre le relais de ce que nous connaissons aujourd'hui comme télévision.

9. À la fin de vos émissions, invitez les gens à fréquenter votre église. Beaucoup de gens vont venir parce que vous leur avez spécifiquement demandé. Utilisez votre temps à la télévision. Dites aux gens de venir vous voir dans votre église.

10. Ayez des services de téléphones et d'Internet disponibles pour répondre aux appels et aux demandes qui viennent de vos émissions de télévision. Mettez en place un système pour répondre rapidement et avec enthousiasme aux gens qui appellent. Si vous leur dites d'appeler et qu'ils ne peuvent pas vous atteindre, ils vont bientôt ne plus croire dans vos émissions de télé.

Étapes pour un ministère de bus efficace

1. Soyez conscient que le ministère de bus pourrait être la clé manquante de vos stratégies de croissance de l'église

2. Sachez que les bus aident LES PAUVRES à se rendre à votre église. Soyez conscient des bénédictions qui viennent sur les gens qui aident les pauvres. Une église qui considère les pauvres recevra de nombreuses bénédictions.

3. Sachez qu'un bon nombre des plus grandes églises du monde gèrent des ministères de bus efficaces, avec lesquels ils transportent les gens de toute la ville vers leurs églises. Avoir un ministère de bus ne fait que suivre l'exemple de nombreuses autres méga-églises dans le monde d'aujourd'hui.

4. Déployez des bus à des points stratégiques où vous évangélisez. Que les gens qui ont été sauvés et gagnés au

Seigneur par vos campagnes de sensibilisation aient un moyen facile de venir à l'église.

5. Fournissez des bus gratuits quand vous reconnaissez que les gens ne peuvent pas payer pour ce service. Cherchez de l'aide financière pour votre ministère de bus chez les membres plus riches de votre église. Ce faisant, les riches aideront les pauvres.

6. Fixez un tarif suffisant pour couvrir vos frais quand ils peuvent payer, pour que le ministère de bus ne ruine pas les finances de l'église.

Section 18

TESTS DE LA CROISSANCE DE L'ÉGLISE

Chapitre 41

Vingt tests et tentations divers d'un pasteur qui recherche la croissance de l'église

Rien ne vous viendra facilement. Vous devez considérer votre vie comme une longue série de tests, d'épreuves et de tentations. Il y a un but pour chaque test par lequel Dieu vous fait passer. Parce que les tests spirituels n'ont pas lieu dans une salle de classe, ils ne sont pas faciles à reconnaître. Beaucoup de choses qui arrivent dans notre vie sont en fait des tests ! Votre désir d'avoir une méga-église vous conduira sur une voie qui comprend beaucoup de tests douloureux.

Beaucoup de choses dans la vie d'un pasteur ressemblent à des coïncidences, mais elles n'en sont pas. Beaucoup de gens que vous rencontrez et fréquentez ont l'air de juste passer par là. En fait, ils ne passent pas juste par là, ils sont envoyés par le Seigneur. Certaines personnes que vous rencontrez aujourd'hui sont les nouveaux tests, épreuves et tentations de votre vie. Vous devrez réussir le test de fréquenter ces gens. Alors quels sont les tests par lesquels un pasteur d'une méga-église doit s'attendre à passer ? Par quelles épreuves passera un pasteur désireux de faire l'expérience de la croissance de l'église ?

Vingt tests

1. **Quand vous édifierez une méga-église, vous serez testé pour pouvoir être promu. Sans ces tests, vous ne pouvez pas être promu.**

À l'école, vous ne pouvez pas passer au niveau supérieur si vous ne réussissez pas vos tests. L'Écriture dit que vous devenez parfait et accompli après être passé par des épreuves, des tests et des tentations avec succès. Oh pasteur d'une méga-église, ne voulez-vous pas être parfait et accompli ? Ne voulez-vous pas être pleinement qualifié pour toute l'augmentation qui viendra à vous ?

Mes frères, considérez-le comme une parfaite joie, quand vous tombez dans diverses tentations. Sachant ceci, que l'épreuve de votre foi produit la patience. Mais que la patience ait son œuvre parfaite, afin que vous puissiez être perfectionnés et accomplis, n'omettant rien.

Jacques 1 : 2-4

2. **Quand vous édifierez une méga-église, vous serez persécuté parce que vous voulez faire quelque chose de très divin comme construire une grande église.** Attendez-vous à être persécuté par vos amis, parents, collègues et les passants. Ne vous plaignez pas parce que vous êtes persécuté. Cela fait partie de l'ensemble. Attendez-vous à être persécuté à cause de votre méga-église.

Oui, et tous ceux qui vivront pieusement en Christ Jésus, souffreront la persécution.

2 Timothée 3 : 12

3. **Dans votre quête de croissance de l'église, vous passerez par des tests conçus pour vous humilier.** Vous devez être très humble pour être pasteur de milliers de personnes. Vous ne devez pas avoir une trop haute opinion de vous-même. Attendez-vous à des problèmes, des persécutions et des difficultés qui vous mettront à genoux.

Attendez-vous à des situations où vous ne pouvez rien faire et qui vous feront craquer et vous mettre à genoux. Oh pasteur d'une méga-église, ces choses sont destinées à vous aider à vous rappeler que vous êtes humain.

Et tu te souviendras de tout le chemin par lequel le SEIGNEUR ton Dieu t'a conduit ces quarante ans dans le désert, AFIN DE T'HUMILIER et de t'éprouver, pour connaître ce qui était dans ton cœur, si tu garderais ses commandements, ou non.

Deutéronome 8 : 2

4. Dans votre quête de croissance de l'église, vous passerez par des tests qui révéleront ce qui est dans votre cœur. Personne ne sait ce qui est vraiment dans votre cœur. Vous ne le savez même pas vous-même. Mais il y a des circonstances qui peuvent faire ressortir ce qu'il y a dans votre cœur. Dieu permettra à ces tests de révéler ce qui est dans votre cœur. Vous pouvez dire : « J'aime le Seigneur », mais vous aimez vraiment un homme. Lorsque l'homme est parti, vous découvrirez si vous aimez vraiment le Seigneur.

Et tu te souviendras de tout le chemin par lequel le SEIGNEUR ton Dieu t'a conduit ces quarante ans dans le désert, afin de t'humilier et de t'éprouver, POUR CONNAÎTRE CE QUI ÉTAIT DANS TON CŒUR, si tu garderais ses commandements, ou non.

Deutéronome 8 : 2

5. Dans votre quête de croissance de l'église, vous passerez par des tests qui montreront si vous êtes vraiment obéissant. « J'aime le Seigneur et je vais Lui obéir » est la chanson du ministre moyen de l'Évangile. Mais il y a certaines choses qui révéleront vraiment si vous obéissez au Seigneur. C'est facile de dire : « J'irai n'importe où, je ferai n'importe quoi ». Puis l'ordre viendra : « Va maintenant dans le coin le plus retiré de ce pauvre pays ! » Tout à coup, toute l'obéissance est jetée par la fenêtre et vous vous rendez compte combien vous êtes en fait réticent et désobéissant. Je connais des gens qui m'appellent « Papa » et qui répondent « Oui pasteur » à toutes mes phrases. Ils se présentent comme les serviteurs les plus humbles et les plus obéissants. Mais une instruction peut révéler combien ils sont en fait abominables et désobéissants.

Les gens professent, confessent et prétendent certaines choses, mais leurs actions révèlent qu'ils sont en fait abominables, détestables et incapables. « Ils professent de connaître Dieu, mais par *leurs* œuvres ils *Le* renient, étant abominables, désobéissants, et incapables d'aucune bonne œuvre ». (Tite 1 : 16). Ce sont des mots forts, mais ils sont vrais.

6. **Dans votre quête de croissance de l'église, vous passerez par des tests pour montrer si vous aimez vraiment le Seigneur.** Aimez-vous vraiment le Seigneur ? J'aime Jésus ! J'aime le Seigneur de tout mon cœur ! Je ferai n'importe quoi pour Lui. Un jour, quelque chose arrivera dans votre vie et cette chose révélera ce que vous aimez. Aimez-vous le Seigneur, aimez-vous l'argent, ou aimez-vous la gloire du ministère ? Tout sera révélé par les tests qui viendront à vous.

Tu n'écouteras pas les paroles de ce prophète, ni de ce rêveur; car le SEIGNEUR, votre Dieu, vous éprouve, POUR SAVOIR SI VOUS AIMEZ LE SEIGNEUR VOTRE DIEU, DE TOUT VOTRE CŒUR ET DE TOUTE VOTRE ÂME.

Deutéronome 13 : 3

7. **Quand vous deviendrez pasteur d'une méga-église, vous passerez par des tests qui seront comme des épreuves de feu.** Le feu vous fait tout perdre. Quand vous passez par une épreuve qui vous fait sentir que vous perdez tout, ne soyez pas surpris. Ne pensez pas que c'est étrange.

Des gens ont perdu leurs femmes, leurs enfants, leur argent et leur estime de soi à travers les épreuves de feu. Certains ont perdu jusqu'à trois femmes dans le feu. Certains ont perdu pas moins de cinq enfants. Vous devez croire que ces épreuves de feu sont nécessaires pour votre promotion comme pasteur d'une méga-église.

Bien-aimés, ne trouvez pas étrange concernant l'épreuve de feu qui est pour vous éprouver, comme s'il vous arrivait quelque chose d'étrange :

1 Pierre 4 : 12

8. **Quand vous deviendrez pasteur d'une méga-église, vous serez testé par les vents mauvais, les tempêtes et les inondations.** Un jour, le pasteur d'une grande église me dit : « *Un vent mauvais* souffle sur notre ami ».

    Il poursuivit : « Nous devons prier pour lui, parce que si ce *vent mauvais* tourne dans notre direction, ce ne sera pas bon pour nous ! »

    Voyez-vous, quand vous édifiez une église méga et travaillez pour Dieu, vous pensez peut-être que seuls les bons vents vont souffler dans votre direction. Le fait que vous faites de bonnes choses et construisez votre maison sur le roc ne veut pas dire que les *vents mauvais* ne souffleront pas sur vous.

    De façon étonnante, les vents mauvais qui soufflent sur la personne qui fait toutes les mauvaises choses est le même vent mauvais qui soufflera sur la maison d'une bonne personne.

    C'est pourquoi quiconque entend ces propos que je dis, et les met en pratique, je le comparerai à un homme prudent qui a bâti sa maison sur le roc ; Et la PLUIE est tombée, et les TORRENTS sont venus, et les VENTS ont soufflé, et ont déferlé sur cette maison ; et elle n'est pas tombée, car elle était fondée sur le roc.

    Et quiconque entend ces propos que je dis, et ne les met pas en pratique, sera comparé à un homme insensé qui a bâti sa maison sur le sable ; Et la PLUIE est tombée, et les TORRENTS sont venus, et les VENTS ont soufflé, et ont déferlé sur cette maison ; et elle est tombée, et grande a été sa chute.

    Matthieu 7 : 24-27

9. **Quand vous deviendrez pasteur d'une méga-église, vous serez testé par le chagrin et la douleur.** La tristesse, le deuil et la douleur sont des tests par lesquels passera tout

homme qui désire être pasteur d'une méga-église. Ce sont des choses dont le pasteur d'une méga-église doit faire l'expérience. Quand vous serez passé plusieurs fois par des temps de douleur déchirante, vous serez plus sage et plus humble. Vous deviendrez un pasteur orienté vers l'éternité, parce que vous prenez à cœur les périodes de deuil et de chagrin. Sans toutes ces expériences, votre esprit ira à toute vitesse vers les illusions qui se terminent en davantage de tromperie.

Mieux vaut aller dans la maison de deuil, que d'aller dans la maison de festin ; car en celle-là est la fin de tout homme, et le vivant mettra cela dans son cœur ».

Ecclésiaste 7 : 2

10. **Le pasteur d'une méga-église sera testé pour sa capacité à résister à la pression.** Un pasteur d'une grande église est sous beaucoup de pression : pression de la congrégation, des problèmes financiers, de sa femme, de ses enfants, de ses associés, de la fréquentation en baisse, des projets, des employés, de la presse et du public en général.

Car nous ne voulons pas, frères, que vous ignoriez l'affliction qui nous est arrivée en Asie, c'est QUE NOUS AVONS ÉTÉ ACCABLÉS OUTRE MESURE, au-delà de nos forces, si bien que nous désespérions même pour notre vie :

2 Corinthiens 1 : 8

11. **Le pasteur d'une méga-église subira des tentations.** Oh pasteur d'une méga-église, vous ne serez pas à l'abri des tentations en raison de vos hautes ambitions. Vous serez tenté de toute façon dans votre cheminement pour atteindre la croissance de l'église. Vous serez tenté par les fonds pour les détourner et vous enrichir. Vous serez tenté par des choses luxurieuses et des femmes étranges. Vous serez tenté par le divorce. Vous serez tenté par la déloyauté. Vous serez tenté par l'orgueil. Vous serez tenté par le découragement. Vous serez tenté d'abandonner. Vous serez tenté de ne pas pardonner et de devenir amer. Vous serez tenté d'abuser de

votre pouvoir. Ne vous y trompez pas. Plus vous montez dans le ministère, plus vous devez vous attendre à être testé et tourmenté.

Car nous n'avons pas un grand prêtre qui ne puisse être touché par nos infirmités, mais Il a été tenté en tous points comme nous *sommes, cependant* sans péché.

Hébreux 4 : 15

12. **Sur votre route vers la croissance de l'église, vous rencontrerez des hommes méchants et déraisonnables.** Oh pasteur d'une méga-église, préparez-vous à rencontrer des hommes déraisonnables et des femmes qui s'opposeront à vous et vous rendront les choses difficiles. J'ai rencontré des hommes avec une aversion intraitable envers nous. Il y a des gens qui se sont opposés au développement des bâtiments de nos cathédrales et églises. Ces hommes déraisonnables sont des tentations et des tests sur le chemin de votre victoire.

Et afin que nous soyons délivrés des hommes déraisonnables et méchants ; car tous *les hommes* n'ont pas la foi.

2 Thessaloniciens 3 : 2

13. **Le pasteur d'une méga-église sera testé par des gens qui l'abandonneront.** Quand les gens vous abandonneront, vous devrez compter sur le Seigneur. Sur la voie de votre ministère, beaucoup vous abandonneront. Ne pleurez pas trop quand les gens vous laissent. Je peux vous parler d'un certain nombre de personnes qui m'ont abandonné, spécialement quand j'ai embrassé plus profondément le ministère à plein temps.

Ce n'est pas parce que vous êtes quelqu'un de mauvais que les gens vous abandonnent. C'est en raison de votre appel et des épreuves qui vont avec.

Car Demas m'a abandonné, ayant aimé ce monde présent, et il est parti pour Thessalonique.

2 Timothée 4 : 10

14. **Dans votre quête de croissance de l'église, vous serez testé par des gens qui ne vous assistent pas.** Comme il est douloureux d'avoir des gens qui vous privent de leur assistance quand vous en avez le plus besoin.

Dans ma première défense, PERSONNE NE M'A ASSISTÉ ; mais tous m'ont abandonné. Je prie Dieu que cela ne leur soit pas imputé ».

2 Timothée 4 : 16

15. **Dans votre quête de croissance de l'église, vous serez tenté par les faiblesses personnelles de votre vie.** Tout pasteur a des faiblesses personnelles. Certains ont des faiblesses de tempérament qui conduisent à des sautes d'humeur, à la dépression et à une mauvaise communication. D'autres ministres souffrent de désorganisation, de mauvaise gestion de l'argent et de pauvre jugement personnel. Toutes ces faiblesses personnelles apparaissent avec le temps et présentent de grandes tentations pour celui qui veut devenir pasteur d'une méga-église.

Vous serez également tenté par des situations pénibles. De nombreux ministres ont des mariages pénibles. Les problèmes habituels du mariage sont accentués par les pressions du ministère et les pressions d'un haut leadership.

C'est pourquoi je me plais dans les faiblesses, dans les outrages, dans les CALAMITÉS, dans les persécutions, dans les détresses, pour Christ ; car, quand je suis faible, c'est alors que je suis fort.

2 Corinthiens 12 : 10

16. **Pour devenir pasteur d'une méga-église, vous devez réussir le test d'avoir affaire à des gens déloyaux.** Comment vous allez gérer la déloyauté déterminera la taille de votre église. Les gens déloyaux peuvent détruire ce que vous édifiez et saboter vos efforts pour la croissance de l'église.

Vous serez testé pour voir si vous pouvez être entraîné dans la confusion par des leaders qui sèment la dispute.

Votre compréhension de la loyauté et de la déloyauté sera révélée par votre capacité à améliorer ou à aggraver des situations compliquées de l'église.

Vous serez testé sur votre capacité à faire taire la voix du diable parmi vos leaders. Vous serez testé sur votre capacité à traiter vos accusateurs. Vous serez testé sur votre capacité à renvoyer ceux qui créent la division. Vous serez testé sur votre volonté de signaler et d'éviter les personnes dangereuses.

Maintenant je vous supplie, frères, à remarquez ceux qui causent des divisions et des affronts contraires à la doctrine que vous avez apprise, et évitez-les.

Romains 16 : 17

17. **Dans votre quête pour devenir pasteur d'une méga-église, vous lutterez avec vos besoins personnels et les besoins de l'église.** Vous aurez des besoins qui doivent être respectés, et ces besoins et désirs peuvent devenir pour vous un test et un piège.

Mais en toutes choses étant approuvés comme des ministres de Dieu, en grande patience, en afflictions, en besoins, en angoisses,

2 Corinthiens 6 : 4

18. **Dans votre quête pour devenir pasteur d'une méga-église, vous serez testé sur votre capacité à jeûner et à prier ainsi que votre capacité à veiller et à prier.** Le jeûne est l'activité pénible de ne pas manger pour pouvoir prier. Veiller est l'activité pénible de rester éveillé pour pouvoir prier.

Dans la fatigue, dans la douleur, dans de fréquentes VEILLES, dans la faim, dans la soif, souvent dans les JEÛNES, dans le froid et dans la nudité.

2 Corinthiens 11 : 27

19. **Dans votre quête de croissance de l'église, vous serez testé sur votre volonté de vous exposer au danger.** Beaucoup de gens ont mis fin à leur cheminement vers un grand ministère en raison des dangers auxquels ils ne voulaient pas s'exposer. « Est-ce dangereux d'aller là-bas ? » demandent-ils. En faisant cela, beaucoup s'enlèvent des champs dans lesquels Dieu veut qu'ils travaillent.

Ce sont les pauvres qui sont souvent ouverts aux prédication de l'Évangile. Ces pauvres qui viendront dans votre église vivent souvent dans des zones dangereuses et défavorisées. Si vous n'êtes pas prêt à aller dans ces régions pauvres et dangereuses, vous ne pourrez pas faire grand-chose pour Dieu.

Voyageant souvent, en danger sur les eaux, en danger de la part des voleurs, en danger parmi mes compatriotes, en danger parmi les païens, en danger dans les villes, en danger dans les déserts, en danger en mer, en danger parmi les faux frères

2 Corinthiens 11 : 26

20. **Dans votre quête de croissance de l'église, vous serez testé sur votre sensibilité aux illusions et aux tromperies.** Quand votre église s'agrandira et que vous aurez plus d'argent, vous serez testé par la séduction des richesses. Vous serez tenté de mépriser les petits ministères et les pasteurs d'églises plus petites. Si vous réussissez tous ces tests, vous serez véritablement prêt à gérer une méga-église.

Et pour cela Dieu leur enverra un énorme égarement, pour qu'ils croient au mensonge :

2 Corinthiens 11 : 26

Les livres de
Dag Heward-Mills

www.ingramcontent.com/pod-product-compliance
Lightning Source LLC
Chambersburg PA
CBHW051949090426
42741CB00008B/1320